U0531040

现代货币理论译丛

韦森 主编

货币国定论

The State Theory of Money

Georg Friedrich Knapp

〔德〕格奥尔格·弗里德里希·克纳普 著

李黎力 译

商务印书馆
The Commercial Press

Georg Friedrich Knapp
The State Theory of Money
Macmillan & Company Limited, St. Martin's Street, 1924

根据英国麦克米伦出版公司 1924 年版译出

《现代货币理论译丛》总序

货币作为市场交易的一种媒介,是人类经济社会运作和延存的一种必要且必需的制度构件。在现代市场经济社会中,人们要进行商品和劳务的交易和交换,政府要支付官员和军队的薪金,雇主要支付雇员工资,纳税人要向政府缴纳各种税金,人们要进行投资,乃至国与国之间进行贸易,都离不开各种形式的货币。在现代社会,人们的衣、食、住、行,娱乐、交往和信息沟通,乃至各种宗教崇拜和党团社区活动,背后往往都要通过各种形式的货币交易来进行,实际上,现代社会中人们须臾不能离开货币。如果把现代市场经济看成是一个活的有机体,那么,货币就是这个有机体的血液;央行、各类银行和金融系统就是这个有机体的血液循环系统。没有货币,经济不能运作,国家不能存在,人们几乎不能生存、生活、交往和沟通。货币和货币系统出了任何问题,都会影响到一国的经济增长、人们的收入和生活水平,也会影响个人财富和福祉的增减。

尽管货币和货币制度是现代人类经济社会运作的一种不可或缺的制度构件,但是数千年来,货币的本质是什么,货币是如何产生的,货币在一国经济增长中的作用是什么,货币本身到底是不是一种财富,等等,却是经济学家、哲学家乃至一些社会思想家永远争论不清,且似乎是永无定论的一些问题。目前以新古典综合派为主流的当代经济学教科书中,尽管有市场竞争、价格机制和货币这些名词及其理论解释,但由于经济学家们还隐含地假定所有货币都是中央银行外生地增发出来的,然后在规范的理论形式上讨论企业的生产行为,个人的消费行为,以及一国的就业、通货膨胀和经济增长。实际上,现代经济学的主干理论中并没有真正的货币理论。只是在少数经济学家的论述中,货币理论才成为他们个人一些著作中理论分析的主题。尽管目前世界上大多数国家都进入了电子记账货币时代,但是,通观现有的许多货币经济学教科书,大多数一开始还是把货币定义为具有三大职能或四大职能(交换媒介、价值尺度、支付手段、价值储藏)的一种特殊商品或物品。至于货币到底是如何创生出来的,货币在市场经济中的作用是什么,货币增发渠道和 M_0、M_1 和 M_2 创生机制等等,及其对一国宏观经济的影响,这些还只是少数专业货币经济学家和投行经济学家所研究和思考的问题。在世界各国大学里教授的经济学和政治经济学教科书中,基本上都存在一个"货币理论的缺环"。除了一些教授货币经济学和货币银行学的专业教师或学生外,绝大多数经济学家、经济学教师和经济学专业的学子,实际上对经济学中最重要的"货币理论"大都是一知半解,尽管都学过微观经济学的价格和市场竞争理论,学过宏观经济学或政治经济学,但大多数经济学家和普通人至今还仍然只相信现代社会的所有货币都是由央行发出来的;央行增发基础货币,就会通货膨胀;减少基础货币投放或收回基础货币,就会通货紧缩。这种状况,使得整个理论经济学在某种程度上成为一种脱离现实、脱离各国经济运行的公理化的理论体系,与理解现代各国的实际经济运行尚有很大的距离。

现代经济学理论和大学经管专业经济学教育中的这些"缺环",也与货币本身的神秘和难以理解,以及货币理论的深奥难懂有关。19世纪英国自由主义思想家(曾四度出任英国首相)威廉·E.格莱斯顿(W.E.Gladstone)男爵曾说过:"因专研货币的本质而受愚弄的人,甚至比受爱情所愚弄的人还多。"这实际上道出了一个事实:货币和货币理论,是经济学中最复杂和最难懂的一个部分。然而,只有真正理解了货币理论,才能说真正理解了现代经济学。正是由于在与货币相关的经济学原理的认识和理解上的诸多争论,乃至货币理论的尚无定论,决定了理论经济学的永无穷尽的发展。即使是受过专业训练的经济学教师、学生、专业研究人员乃至一些经济学家,一旦真正进入货币理论的研究领域,就会发现所有的经济学理论都尚无定论。尽管如此,不认真研究和真正理解货币和货币理论,就很难说真正理解了现代社会的市场经济运行。正是基于这一考虑,我们策划了这套"现代货币理论译丛"。希望通过译介一些近代和当代人类社会经济思想史上有关货币理论的一些名著,让更多的经济学和金融学专业的学者和学生更多地关注、研究和思考货币经济学问题,为中国理论经济学的进步和中国经济社会的繁荣与发展做出中国经济学人的贡献。

韦　森
2017 年 3 月 28 日谨识于复旦大学

译者序[1]

《货币国定论》是一部影响深远的经济学经典名著。这本书出自何许人也？主要讨论了什么话题？如何看待这本书的学术价值？本书译者下面将主要围绕这些问题，为读者提供一个简明扼要的背景性介绍。

一、作者简介

格奥尔格·弗里德里希·克纳普（Georg Friedrich Knapp，1842—1926），系德国著名经济学家、经济史家、德国新历史学派杰出代表、德国"讲坛社会主义"主要成员、"社会政策学会"创立者之一。

克纳普1842年生于吉森（Giessen），曾先后在慕尼黑、柏林和哥廷根求学，主要学习政治经济学，并试图成为一名统计学家。1865年凭借有关经济学家杜能（Johan Heinrich von Thunnen）的工资和利息理论的博士学位论文获得博士学位。1867年担任莱比锡市统计局局长，1869年同时担任莱比锡大学经济学客座教授，1874年转任斯特拉斯堡大学教授，与德国新历史学派创始人施穆勒（Gustav von Schmoller）成为亲密同事，在那里工作直至退休。

---

[1] 本书译者本来想效仿高鸿业先生等学界前辈，为本译著写一篇"译者导读"，后因以下两个原因而作罢。一是在翻译研读该著作的过程中，虽产生了一些研究心得，但自觉离这些学界前辈功力尚远，达不到"导读"的水平。二是在研究过程中，越来越发现克纳普这本书思想的复杂性和微妙性，将译者写著的长达10万余字、难免带个人偏见的研窥心得缩减成导读，恐有误导读者的风险。综上考虑，译者决定在此仅提供一个简要背景性介绍的"译者序"，待译者将已写就的研究心得打磨扩展成书后，再求教于各路方家。

5

克纳普的研究生涯包含三个阶段。像农民通过轮耕来保持土地的肥力一样,他在这三个阶段切换了三个不同的研究领域,并最终均取得了成功。第一个阶段即莱比锡时期(1867—1874年),作为一名统计专家主要从事人口统计学方面的研究。凭借在数学方面出类拔萃的造诣,克纳普在人口死亡率的测量等统计方面做出了重大贡献,在统计领域享有崇高的地位。第二个阶段开始于1874年到斯特拉斯堡大学任职之后,作为一名伟大的历史学家,研究转向了经济史和农业史。克纳普比较了德国不同地区的农业经济组织形式,并描述了农民解放运动和农业工人阶级的崛起。凭借在历史方面罕有的才能和特质,克纳普在经济史领域开拓性的研究为之后的许多研究树立了典范。学术生涯后期逐渐步入第三个阶段,1895年开始转向货币理论研究。1905年,克纳普出版了其代表作《货币国定论》,在国际上赢得了广泛声誉。

　　这种成功很大程度上要归功于克纳普与众不同的天赋。作为历史学派的一员,他除了具有成为一名优秀历史学家的特质和才能之外,还具备他们较少具有的敏锐洞察和清晰有力。与社会政策学会的其他许多讲坛社会主义者不同,他力图避免自己卷入当时的政治论争,而是专注于"分析性和现实性"研究。这种对严谨和无偏的追求使克纳普广受赞誉,也使他成为一名伟大的导师,培养和吸引了一大批遍及全世界的学生和弟子。

二、著作简介

　　《货币国定论》(*Staatliche Theorie des Geldes*)1905年在德国首

次出版，之后于1918年、1921年、1923年先后出版了第二、三、四版。1922年，该书德文版第三版被翻译成日文在东京出版。1924年，该书德文版第四版在英国皇家经济学会（Royal Economic Society）的赞助下被翻译成英文在英国出版。无论是日译版还是英译版，都是原书德文版的节译版本，只有理论部分被译出，而历史部分则未予译出。2008年全球金融危机之后，不仅这些德文版、日译版和英译版由多家出版社重印出版，而且该书德文版未予译出的历史部分也首次被翻译成英文单独出版。

《货币国定论》甫一出版，便在学术界和政界引起了轰动，在德国取得了巨大成功。当时正处于货币制度的大变革时代。受传统货币理论的影响，各国纷纷讨论其货币制度应当采取哪一种最优的金属本位安排（是银本位、金本位、复本位、金银混合本位，还是将其留给市场决定），尽管有些国家（如奥匈帝国）已停止金属货币（银币）自由铸造，发行不兑现纸币与金属货币并行流通。而克纳普却打破了这种长期奉行的传统，认为货币事实上无须与具有内在价值的商品联系在一起，我们在理论上并不必然需要金属本位。

因此，这本开创性的著作与传统的古典和新古典货币理论针锋相对。传统理论认为，货币是由一种商品（通常为黄金、白银）构成（或担保），如此一来，该商品的交换价值或购买力便决定了货币的交换价值或购买力，这是合乎逻辑的必然结果。与之截然不同，该书却认为货币是与其材质价值无关的国家的产物，因而对"纸币"的存在成功地做出了理论上的解释。

全书由正文四章及附录构成：前三章是货币理论部分，第四章和附录是货币历史部分。第一章探讨了货币的一些基本概念,厘清了货币与支付、金属之间的关系,探讨了货币的谱系性分类,提出了货币本质论(票券主义);第二章阐述了一国之内的货币问题,探讨了货币的功能性分类,提出了货币制度(体系)论;第三章讨论了国家之间的货币关系,提出了货币国际交易理论(汇率的国家总体观或国际收支理论);第四章和附录回顾和评述了英国、法国、德国和奥地利的货币变迁史。

可见,克纳普构建了货币本质论、货币制度论和货币国际交易论三大理论。其中货币本质论是货币理论的核心和基础。他从现代货币制度的历史起源和逻辑起源着眼,从谱系或起源上而不是从功能上,将货币定义为一种特殊的支付手段——票券式(chartal)支付手段。货币是支付手段从称量制度演变至票券制度的产物,具有价值单位的名目性(不再是金属的一定量)、支付手段的定形性(形态和记号必须规定得一目了然)以及支付手段的流通满足性(只得到流通的满足就够了,无须技术的满足)三个特性。

如此一来,克纳普便构建了"票券式支付手段"这一统一的普遍适用的货币概念,可以概括和说明一切货币种类,不容任何例外出现,无论该货币的载体是否具有内在价值,而不是像传统货币金属论(metallism)那样,从交换的商品角度出发,区分真实货币与货币代表,划分"正常"货币与"异常"货币。显然,其中的问题主要出在法定不兑现纸币身上。这种在传统货币理论当中要么视作异常而被排除在外,要么因为痛恨而不予考虑的纸币,却被克纳普看作理解货币本质的关键和检验货币定义的试金石。

全书包含两大主要观点。第一,"货币是国家的产物"。货币作为一种票券式支付手段,其"效力"由国家创造。换言之,国家是货币的创造者,使货币成其为货币,赋予了货币以价值且实际上以名义价值流通这种特性。这并非依靠法令来实现,而是通过国家"接受"来实现,即通过在其偿付处所以账面价值接受所有货币。对于所有货币而言,公告的效力均与其物质价值无关。正因如此,克纳普所创造的由"票券式"或"票券属性"(chartality)新术语所引申出来的全新货币理论术语"Chartalism",在本书中被译为"货币国定论"。

另一大观点则相对受到忽视。克纳普认为,现代国家实行金属本位、制定货币政策,并非源自对金属任何属性上的考虑,而是主要出于稳定外汇汇率的考虑。他期待会出现这样一个时期,届时金属本位即便对于国际支付体系也会变得过时,这个展望在后布雷顿森林时代变成了现实。

该书无论在形式上还是内容上均具有一些鲜明的特色。在形式上,克纳普基本上以纯文本的形式,以一种富有教理、带有说教的方式著述而成,鲜少引用和参考前人文献,并创造了包括上述"货币金属论"和"货币国定论"在内的大量新的专业术语,以一种分类式风格构造了一个术语体系。而从内容上看,一方面,克纳普遵循德国历史学派的研究传统,坚持方法论整体主义,采用历史的、制度的和演化的研究方法,尤其是秉持国家的视角——"在我看来,缺少国家这一概念来探索货币制度,这种企图不仅早已过时,而且荒谬可笑,即使这些观点如今可能依然广为流传"。另一方面,如上所提及

9

的,克纳普专注于分析性和现实性研究,在区分和强调实证与规范性思考之间的差异的基础之上,主要致力于理论和实证考察,很少论及和表明自己的政策立场和态度。

三、简要评价

《货币国定论》的面世引发了巨大的轰动和广泛的争议,无论是在其形式还是内容上,都产生了两极分化的评价。一开始以负面评价为主,后来逐渐迎来正面评价的增加。以维克塞尔、韦伯、霍特里、凯恩斯等为代表的经济学家对该书给予了高度评价、不吝溢美之词,以米塞斯等为代表的经济学家则给予了毫不留情的批判,而像熊彼特这种则对该书"爱恨交织"。可以想见,当时的支持者和反对者均对该书的观点展开了激烈的争论,以至于在熊彼特看来,这部著作的成功,既要感谢他的崇拜者,也要感谢他的反对者,因为后者通过愤怒的攻击使它更受关注,贡献不亚于前者的颂扬。

无论如何,《货币国定论》出版后的确对德国产生了重要影响,塑造了接下来30年左右的货币思想发展。克纳普的思想不仅通过本迪克森、埃尔斯特等学生得到传承和发展,而且还对各色货币理论产生了广泛而深远的影响,包括韦伯有关货币分析的社会学进路、康芒斯的债务货币观和经济观、熊彼特的货币"要求权理论"(claim theory)、凯恩斯的货币制度论、勒纳的功能财政论,以及最近流行的"新货币国定论"(Neo-Chartalism)或"现代货币理论"(modern money/monetary theory,MMT)等。

然而,这本书却几乎没有对主流货币理论产生任何影响,在引起轰动和争论的二三十年后,便在很大程度上遭受了被历史尘封和遗忘的命运,直到20世纪90年代随着"新货币国定论"的产生和"新经济社会学"的兴起,才被重新发现和引发关注。这种悲惨命运至少要归咎于以下三大因素:首先,克纳普的货币理论被错误地解读为一种法律理论,而不是经济理论,因而据称无法挑战经济学家既有的货币理论。其次,克纳普的货币理论被主流的基于交易的传统货币理论视作货币"幻想"或"胡思乱想"(monetary cranks),以至于作为一种"异端邪说"长期以来遭受边缘化乃至压制。最后,克纳普有时被错误地指责为是一名纸币狂热者和通货膨胀主义者,他所提出的货币理论为国家滥发纸币提供了理论依据,因而是一种极端危险的思想,理应被埋葬。在这三大因素的交织下,许多有关克纳普的文献带有狂热的党派偏见、无谓的论争和大量的误解。

　　从经济思想史上看,克纳普的这本《货币国定论》无疑是货币经济学、货币社会学和货币政治学等领域的经典之作。该书有助于理解思想史上货币思想和理论的演进、争论和得失,理解现代货币制度和现实经济的运行,为把握当今和未来包括数字货币、欧元危机、人民币国际化和国际货币新秩序的构建等在内的一系列货币演变和冲突重大问题提供重要理论视野和参考价值。诚如克纳普的论敌米塞斯所言,无论你是否赞同和接受"货币国定论",该理论都值得重视和研究。希望本书的出版不仅可以厘清既有的一些偏见和争议,而且能够为我们有效应对货币相关问题提供养分和洞见。

目 录

1 / 英文版序

3 / 德文第一版序

7 / 英文译者说明

9 / 第一章 支付、货币与金属

9 / 第一节 金属主义与价值单位的名义性

依靠称量金属支付,是金属主义,它现在已经过时。价值单位不再是一定重量的金属,而是一个通过参照以前的价值单位而历史界定的法律概念。

25 / 第二节 票券式支付手段

债务以价值单位表示,可以用硬币或票据这样印有标记的物体来清偿,它们在法律上具有一定价值单位的效力。这种物体被称为票券式支付手段,或者货币。其有效性与该物体的材质无关。法律产生于国家,货币因而是一种国家制度。

38 / 第三节 流通中的使用

如果货币的接受者并不想将该货币物的材质用于工艺(带来"真实的"满足),而是将该物体依照法律来偿付其债务,那么这将是"流通的满足",即源自流通中的使用所带来的满足。国家总是会接受该物体用于支付，并且只有在引入其他具有同一面值的物体时才会将它们废除。

46 / **第四节 货币与金属之间的质地和谱系关系**

铸造的货币具有某种铸造标准。它规定了该货币物应该由什么金属制成，以及当它被铸造时应当具有多少含量。这是货币与金属之间的质地关系。除了这个技术规定之外，还有关于该货币物应当具有多少价值单位的效力的法律规定。这二者一起产生了该货币的相对含量。

如果该法律规定，某种金属可以在物理上无限制地转化为货币，那么这就是货币与金属之间的谱系关系。我们称这种金属为原质金属。物质性规范规定了将从1重量单位的特定金属中制造出多少价值单位的货币。如果该转化通过自由铸造进行，并且该货币物的含量符合规范，那么我们便有了铸币。其他所有货币，都是不符合规范的货币（非铸币），无论是硬币还是纯粹的纸币。

61 / **第五节 货币与金属之间的比价关系**

有时依靠某种安排可以以固定价格获得白银或黄金，我们将这种安排称作原质比价管理。这通常依靠两种措施实现，即维持价格下限（原质托住）和维持价格上限（原质展现）。没有任何一种物质本身就具有固定价格。原质比价管理的产生，是一种有益的但却并非必不可少的货币安排。

72 / **第二章　一国国内货币**

72 / **第六节　货币的功能分类**

　　国家货币可以被认为是被国家接受用作支付的货币。支付的分类：(a)向国家的支付，(b)由国家向外的支付，(c)其他支付；即划分为指向中央的支付、由中央向外的支付和无中央的支付。

　　根据有关法定货币的规定，货币分为通货、纯粹的许可性货币和零钱。至少必须有一种最终性货币，即债权人在法律上并不享有凭借这种货币而获得其他种类货币的权利，但也必须予以接受。另外还有各种暂时性货币，它们在法律上可以兑换为最终性货币。国家选择作为其最后支付，并使之在不确定的情况下具有强制性的最终性货币，被称作本位币。而其他所有种类的货币则被称为辅币。本位币是狭义上的"本位"。

86 / **第七节　复本位制与本位制的类型**

　　在单金属本位制中，只有一种铸币是最终性的，比如银铸币或金铸币。在复金属本位制中，则有两种最终性铸币——金币和银币。复金属本位并未决定哪种货币是本位币，它因而并非严格意义上的"本位"；它是要金本位还是银本位，这个问题悬而未决，而是取决于国家偿付处所的行为。

　　同样仍未确定的，是这两种金属哪一种具有固定价格，它们每个只是被设定了价格下限。根据其对金属的态度，可以将本位制划分为八种类型，而常见的金本位、银本

15

位和纸币本位这种划分是肤浅的。跛行本位。

96 / 第八节上　银行券

票据贴现和动产抵押贷款的含义。银行券主要是一种在银行与其客户之间以及在客户们之间使用的支付手段。该票券以支付承诺的形式出现，但因为也有不可兑换的银行券，所以真正的关键之处在于，银行承诺接受它自己的票券用作支付手段。银行券是银行的付款凭证（票券），可能可兑换也可能不可兑换。国家经常宣布其偿付处所会接受该银行券用来向其支付；银行券因而被予以接受，并构成国家货币的一部分。

107 / 第八节下　转账或转移支付

汉堡汇划银行。现代转账支付。包括转账支付在内的一般性支付概念。三种支付——称量式支付、票券式支付和转账式支付。

115 / 第九节　辅币的贴水

辅币因为其本身物体的价值，而可以当作一国国内的一种商品。该物体的价值减去其效力等于贴水。货币高于和低于平价。贴水是一种有时可能消失的商业现象。负的贴水有时可能被故意制造，并因为商业状况而产生，正如泰勒那样。

127 / 第十节　辅币的积聚

辅币自由进入国库，在其中积聚，并常常将本位币从中驱逐出去。这要么是因为（1）发行了新的辅币，要么是由于（2）未回收旧的辅币。泰勒和（法国）五法郎银币属于后一种情况。为了防止这种积聚，白银在法国（1876年）和奥地利（1879年）停止了自由铸造。

137 / 第十一节 本位的变更

辅币的积聚可能导致本位制的变更（例如在法国导致1860年转向金本位）。但是该变更也可能产生自国家的自由选择（比如1871年的德意志帝国）。前一种是被动性变更，后一种是主动性变更。变更既可以是恢复性的——恢复了以前的本位，又可以是革新性的——选择了全新的本位（1871年的德国）。最后，变更既可以是上升性的，也可以是下降性的，还可以是平稳性的。

153 / 第三章 对外货币关系

153 / 第十二节 本位币之间的汇率

这是一种贸易现象。所有货币物的有效性仅局限于其发行国（除非它们是共货币国定主义货币）。外国货币是一种商品，其价格在交易所中确定，取决于国家之间的国际收支，即在国家总体上决定。不同国家的货币之间所存在的铸币平价，被作为正常汇率平价的标准。当不存在铸币平价时，便会假想一个正常的汇率平价。如果外国货币的价值要高于该平价，它就具有本位币之间的贴水，这种贴水必须同辅币的国内贴水小心区分开来。

163 / 第十三节 黄金与白银之间的价格比率

黄金与白银之间并不具有内在固有的固定价格比率。伦敦白银价格取决于金本位国家（英国）与银本位国家（尤其是印度）之间的国际收支状况。法国复本位只是大约在1860年曾经对白银价格的波动产生过抑制性影响。复本位在1876年不复存在。

176 / 第十四节上　对外比价管理

这指的是采取有意的措施来稳定本位币之间的汇率。如果两国使用同一原质金属作为它们的本位币，那么对于短期小幅波动而言，汇率的稳定可自动实现。而对于其他国家，对外比价安排则更为复杂，例如1894年以来的奥地利（所谓的对外汇票政策）以及1892年以来的俄国。需要这些安排的总是那些商业上较弱的国家。

186 / 第十四节下　共货币国定主义

某些硬币根据条约有时不只在一个国家具有有效性，例如德国关税同盟和奥地利的联合泰勒，法国、比利时和瑞士的五法郎银币。这种硬币具有共货币国定主义，但却并不能保证汇率的稳定，各国在选择自己的本位币时依然彼此独立。

190 / 第十五节上　稳定汇率作为终极目标

近代所有本位转变的最终目的，都在于实现对外汇率的稳定。法国和德国转向金本位，并不是因为它们对黄金这种金属情有独钟，而是旨在管理它们与英国的汇率。奥地利1892年随之采用金本位，为的是稳定与德国的汇率。

194 / 第十五节下　铸币供国外使用，非铸币供国内使用

金本位的扩张和不符合规范的货币（非铸币）在国内

的更多使用,早就被人们所观察到(在英国、法国、德国和奥地利)。铸币越来越多被保存在银行,只是为了用来管理对外汇率(国际汇兑)。

不符合规范的货币在国内的使用,并不是一种误用,而是一种发展。

完全废除铸币只有对于那些非常庞大的国家联邦才有可能,但在现实当中可能无法实行。由于对外贸易,铸币依然是有必要的。

210 / **专业术语索引**

215 / **译后记**

第四章 几个国家的历史回顾[1]

第十六节 英国

简要回顾了英国从中世纪到1816年期间的货币演变。

第十七节 法国

回顾了法国从1803年到1870年期间的货币演变。1876年法国复本位的终结(白银停止自由铸造)。

第十八节(一) 德意志帝国,1905年

描述了1905年的货币体系。7种不同的货币:(1)金币,(2)联邦银币,(3)镍币和铜币,(4)泰勒,(5)国库券,(6)德国国家银行银行券(帝国纸币),(7)一些特许银行的银行券。

---

[1] 此部分英译本未予译出。

第十八节（二）　德国，1871—1876年过渡时期

描述了金本位藉以取代早先时候的银本位所采取的措施。关于这种创新的各种所谓的原因，以及真正的原因(稳定与英国之间的汇率)。

第十八节（三）　德意志帝国，票据发行1/3的准备金，1907年（来自1907年的银行组织）

提高贴现和贷款利率以保障银行准备金。金条以及铸币(联邦金币)是最好的准备金。某些其他形式也被获准用作准备金。关于银行获取黄金的方法，缺乏明确的政策方针；它必须将所有其他货币兑换成黄金，但却无法强迫别人向它自己用黄金支付。因此，其黄金储备取决于客户的不确定行为。1/3的准备金因而经常面临耗尽的风险。

第十八节（四）　德国，1905—1914年

泰勒不复存在。银行券被作为强制性的法定货币。1914年8月4日的法律。国库券被作为强制性的法定货币。票券停止兑换；创造了贷款部门凭证。

第十九节（一）　奥地利，1857—1892年

起初是银本位的"奥地利本位"，因与德意志关税同盟的本位币之间的汇率关系而被引入。1859年因战争而遭到破坏。1866年创造了国家纸币。辅币银币基尔德因而获得了贴水。该贴水在1878年6月消失，但银本位并未予以恢复，因为德国引入了金本位。

第十九节（二）　奥地利，1892—1900年

向金本位的转变。与西方国家金币的平价将基于1879—1891年期间的汇率。黄金储备依靠黄金贷款筹集。金铸币得以铸造但却未投入流通。银行拥有金币。对德国汇率的贴水依然存在，对外比价

安排始于1894年,并且非常成功。奥地利的本位币事实上是银行券,暂时不可兑换。奥地利与匈牙利均以追求最终可兑换性为目标。

附录与增补[1]

第十九节(三)　奥地利海关支付,1854—1900年

自1854年以来,海关支付开始适用其特殊的法律规定。1854—1878年期间,关税以白银支付;1878年以来以黄金支付。在这两种情况下,其某些贷款的利息在德国是银本位时均用白银支付,后来在德国转向金本位时均用黄金支付。"银币基尔德"和"金币基尔德"这些与"基尔德"(纯粹的)并存的特殊的价值单位,被用于特殊用途,并在对白银或黄金贴水消失时不再被使用。

第十九节(四)　奥匈帝国,1901—1914年

国家纸币消失。创造了两克朗金币。1914年第一次世界大战爆发之前奥匈帝国货币的扁平化制度结构。与德国币制的比较。奥匈帝国银行对于黄金的使用。试图将二十克朗金币"投入流通"。铸币支付并非按照规定,而是机缘巧合、纯属自愿。不存在票据兑换为黄金的问题。关于与西方国家本位币之间汇率管理的更多细节。

第二十节　"货币的价值"和价格

"价值"总是暗含着比较,在与它做比较的特定对象中,我们有货币价值的表达式。这些不同的表达方式相互独立,无法互换,更不能等同视之。货币同样可以与商品组合进行比较,但关

---

[1] 此部分英译本未予译出。

于该组合的构成必须达成一致。指数是表明包含在该组合当中的商品的价格变化的一个受欢迎的指标。不同的组合会给出不同的指数。

总是有些价格变化产生自市场行情。不应当将其解释为表明货币的价值朝相反的方向变化，因为那样只不过是同义反复。就货币的价值而言，价值统计有所助益，但却需要解释。就收入而言，"生产者"或"消费者"所受价格变化的影响不尽相同。价格的变化并非货币物"效力"的变化。要将货币国定论与关于货币的经济思考区分开来。

英文版序

《货币国定论》初版于1905年,随后在1918年、1921年、1923年依次出版了第二、三、四版。本书英文版系基于第四版译出。

当本书在德国面世后,便在英国1922年3月号的《经济学杂志》(*Economic Journal*)上得到了博纳(J. Bonar)博士的评论。[1] 没有其他评论要比该评论更加恰如其分地阐明本书几分新奇的特征的了。

随后,英国皇家经济协会便决定着手出版本书的英译缩减本。本书共四章,目前只有前三章被排除万难、精准无误地译出。如目录所示,第四章包含了英国、法国、德国和奥地利的货币史。作为本书的作者,我并不建议如此删减,但或许出于成本考虑,这样做也情有可原。

并且,这种缩减同样在1922年由宫田喜代藏(Kiyozo Miyata)翻译、东京出版的日译本中出现。如此看来,德国作家似乎要比外国作家更加重视历史。

无论如何,我要向协会承担这项无疑有所牺牲的工作表示感谢。特别是,我要感谢凯恩斯(Keynes)先生和博纳先生,以及我尊敬的译者——卢卡斯(Lucas)夫人,和她的顾问——桑格(Sanger)先生。

格奥尔格·弗里德里希·克纳普
1924年5月16日于达姆施塔特

---

[1] *Economic Journal*, vol. xxxii. pp. 39-47. 桑格(C. P. Sanger)早在1906年6月便在《经济学杂志》上对本书进行了评论,参见 *Economic Journal*, vol. xvi, pp. 266-267。

德文第一版序

我最早对货币问题产生印象,是来自1860年夏季的蒂罗尔(Tirol)之旅——当时那里只有纸币流通。那年冬天,我在慕尼黑开始就此问题受教于国务委员(Staatsrat)冯·赫尔曼(von Hermann)。[1]我的老师见多识广、头脑清晰,是一位银币金属主义者(silver metallist),并赞成纸币的使用是基于信用这一理论。1862—1863年冬季,他最喜欢讨论的主题是美国的货币状况,我再次成为他的听众。

当我自己在斯特拉斯堡(Strassburg)开始开设一门有关货币的小型课程时,便试图不拘泥于任何理论,而是力图清楚地阐明规则和法令(rule and ordinance)在最重要的国家当中的实际情况。[2]我仍然认为,这种启发式方法最有助于教学。

我的一个学生卡尔·赫弗里希(Karl Helfferich)在这方面已远胜于我;鉴于其作品阐述清晰有力,我们对它再怎么称赞也不过分。另外一个学生菲利普·卡尔克曼(Philipp Kalkmann)关于英国、荷兰和瑞士的研究,大大增长了我的见识。如果他没有选择别的职业,我会十分乐意与他合作共事。

在1895年秋天柏林的一次课上,我第一次充分地提出了我的观点,认为:一国之货币并不是具有强制普遍接受性的东西,而是被公共偿付处所接受的东西;并且,货币本位的选择并非源自对金属任何属性上的考虑,而是出于影响与商业上重要的邻国之汇率这一

---

[1] 其全名为弗里德里希·冯·赫尔曼(Friedrich von Hermann, 1795—1868),系德国经济学家和统计学家。——中文译者注

[2] 实用主义的(Das Pragmatische)。

特定目的。

不久之后，格奥尔格·西美尔（Georg Simmel）出版了他的力作《货币哲学》（*Philosophy of Money*，莱比锡，1900年）。由于这本书探讨的仅仅是货币的社会学方面，因而我无须把我的著作视作与他的一较高下。我觉得我自己更接近于奥托·海恩（Otto Heyn），他的著作的标题为《出于对外贸易的考虑而持有黄金储备的纸币本位》（*Paper Standard with a Gold Reserve for Foreign Trade*，1894年）。这是一本吸引公众人物（public men）的书，却没有得到应有的关注。就自身而言，我已放弃了影响公众人物的企图，而是将重点主要放在货币的理论或哲学上，因而冒着得罪单（金属）本位制主义者（monometallists）的风险——更不用说得罪复（金属）本位制主义者（bimetallists）了。他们绝不会对此感到更加满意。

然而，我却期望得到那些将货币制度（或更准确地说，整个支付制度）视作政治科学的一个分支的人的认可乃至帮助。在我看来，缺少国家这一概念来探索该制度，这种企图不仅早已过时，而且荒谬可笑，即使这些观点如今可能依然广为流传。为了避免争论，我总是将这种观点称作"货币金属主义"（metallism），并且在反对货币金属主义的时候并未指明它的支持者，也并不反对金属的使用。

我开始提出货币国定论是在1901年9月，我不敢承认在一开始犯了多少错误。理论必须发展到极致，否则就毫无价值。讲求实际的人可以——不，应该是必须——使自己满足于一知半解（half-truths）。而理论家如果仅止步于这种一知半解，就会迷惘不前。

德文第一版序

为了实现我的目标,将基于政治科学的货币理论取代货币金属主义理论,我不得不发明一些我自己的术语。虽然新的术语可以用德语来表达,但似乎重要的是,在这样一门并不囿于任何民族的科学中,应当寻求那些可以轻而易举走进任何语言的术语,着眼的是博学而不是通俗。[1]为了追求更多科学处理方式上的优势,我舍弃了通俗易懂风格的好处。我的目标在于,从流行的规则和法令深处出发,明白确切地构想出有关货币的思想。

我要为自己未能讨论前辈的贡献而表示歉意,他们包括理查德·希尔德布兰德(Richard Hildebrand)、伊格纳茨·格鲁伯(Ignaz Gruber)、卡尔·克尼斯(Karl Knies)、莱克西斯(Lexis)和班贝格尔(Bamberger),以及其他很多人。关于此论题写一本完整的著作,本身便会是一部独具一格的历史作品。

我在此只是抛砖引玉,需要后人来发展完善。

我最要感谢的是费希纳(G. Th. Fechner),一个从未写过任何有关货币的只言片语、也的确对此一无所知的人。但从他那里,例如他的关于灵魂的小书[2],我学会了如何区分本质和偶然。如果有人说我自己的目标在于发现货币的灵魂,那么但愿如此吧!

格奥尔格·弗里德里希·克纳普
1905年7月5日于斯特拉斯堡

---

[1] 我们会发现,它们通常是希腊语,偶尔是拉丁语,正如在化学和植物学中一样。

[2] 《关于灵魂的问题》(Ueber die Seelenfrage),莱比锡,1861年。

英文译者说明

呈现在读者面前的,是克纳普教授的著作的缩减本。出于成本考虑,翻译目前仅限于其理论部分。并且,克纳普教授的插图也被大大缩减了,但是我们已尽一切努力,以保留他的基本观点。

为了展示整本书所涵盖的范围(译出的和未译出的),我们给出了完整形式的"目录",其中包括此缩减本并未译出的第四章和附录。

第一章 支付、货币与金属

第一节 金属主义与价值单位的名义性

货币是法律的产物。因此,货币理论必须论及法律史。

货币最受欢迎的形式是铸币。由于这意味的是硬币,因而大多数作家认为货币可以从钱币学(numismatics)中追根溯源。这是一个巨大的错误。钱币学家通常对货币一无所知,因为他只是与货币的"死尸"打交道;对于理解纯粹的纸币,他并无捷径。纸币也许是一种可疑的甚至危险的货币类型,但即便是最差的种类,也应当被包含在货币理论当中予以考虑。要成为劣币,它必须首先是货币。

似乎没有什么要比提倡采取诸如1866年奥地利国家纸币(State Notes)那种形式的纯粹纸币这种建议更背离我们的愿望的了。任何国家希望坚持采用铸币,并有能力这么做,都是可取的。我还认为,在正常情况下,我们毫无理由去偏离金本位。我这么说马上可以让公众人物放心了。在本书中,我们还对银本位同样进行了认真考察,并且对纸币给予了迄今为止最多的关注。因为经过仔细考虑发现,在纸币这种可疑类型的"退化的"货币形式中,潜藏着货币本质的线索,虽然乍一听来这有些荒谬。货币的灵魂并非附在其材质之上,而是附于管控其使用的法律规定之中。

所有货币,无论是金属货币还是纸币,都只不过是一般性的支付手段(means of payment)的一种特例。在法律史上,支付手段的概念从最初简单的形式逐渐向后来更复杂的形式演化。有些支付手段还不是货币,然后有些成为货币,后来有一些却不再是货币。

那么,支付手段是什么呢?是否存在一个广义的概念可以将它纳入其中呢?

"支付手段"通常求助于"交换的商品"(exchange-commodity)的概念来予以解释,而"交换的商品"这个概念又以"商品"(commodity)和"交换"(exchange)这两个概念为前提。

下定义必须从某个固定的参考点出发。我们下面不妨尝试将"商品"和"交换"视作足够基本的概念。

如果我们断言"所有支付手段都是交换的商品",那么我们就完全错了,因为我们在历史上见过一些支付手段,它们无论如何都绝非真正意义上的交换的商品。因此,"交换的商品"并不是我们所寻求的更广义的概念。

但是,如果我们反过来说"所有交换的商品均是支付手段",我们并没有得到我们所想要的。有一些交换的商品并不是支付手段。

如果一个人用玉米换取另一个人的白银,那么在这个交易当中,白银是一个交换的商品,玉米是另一个交换的商品。

这种广义上的"交换的商品"的概念并未解决我们的问题。交换的商品是否是支付手段依然是个未知数。而且,只要我们仅仅着眼于一次交易,就无法断言支付手段是白银还是玉米。

但是,在任何社会,例如在一个国家当中,如果所有商品均应当换取确定数量的某种特定商品——如白银——是一种习俗,并且逐渐被法律所认可,那么在此情况下,白银便成为狭义上的交换的商品。在其使用范围之内,它因而被称作一般的交换的商品。因此,这种一般的交换的商品是一种社会往来的制度；它是一种在社会中已获得特殊用途的商品，先是根据习俗，然后是依靠法律。

这样一个"社会"公认的交换的商品，毫无疑问总是一种支付手段，故而被包含在"支付手段"这一概念之中。但是，所有支付手段都是社会公认的交换的商品，这种看法却是不正确的。的确，它总是社会所公认的，而且总是用于交换；但它是否总是商品，这一点却是值得怀疑的。要想成为商品，它除了按法律所规定的方式予以使用外，还必须在工艺领域有所用处。但是，并非所有的支付手段都是如此。工匠眼中作为纸币的纸张，便是毫无其他产业用途的物体的一个例子。因而它们并非交换的商品，但却是支付手段。

我们以上考察的结果——正如理论所要求的那样严谨把握——总结如下。我们在社会公认的交换的商品中找到的，是支付手段的一个实例，因而并不是支付手段的定义；它只是支付手段的一个特例，并且是能想象到的最简单的特例。让我们假设这种交换的商品由金属构成——虽然完全没有必要，但在最重要的情况下确实如此——我们便可以为这种最简单的支付手段形式取一个名称，它是"金属主义的"（autometallistic）支付手段。

金属主义（autometallism）仅从物质上来审视金属，而对物体的形式不做法律上的考量。物质的数量只是以物理的方式来量度；就金属而言，便是依靠称量。交换的商品总是称重后给债权人。

构想出金属主义并不难；难的只是设想那些不再是金属主义的支付手段（例如货币）。因此我们将使用金属主义来阐明"支付手段"概念的显著特征。让我们站在债权人的角度来进行思考。一个人用并非支付手段的商品换取了 1 磅白银（或铜或黄金）之后，可以以两种方式来使用它。他可以将白银用于工艺生产，以制作诸如酒杯或盘子这些器皿，抑或是制作用来装饰的戒指和项链；他也可以将其用作交换手段，换取他所需要的其他商品。持有者可以按照这两种方式之一来使用他的财产，但却不能同时兼用。他要么将其用于工艺制作，从而从中获得"真实的"满足（real satisfaction）；要么用其换取其他商品，从而从其交换价值中得到满足。

提供"真实的"满足的可能性，无疑是任何成为社会公认的交换商品的商品的一个必要条件。如果金属在手工业中并非不可或缺，那么金属主义就根本不会出现。然而，每一种在交换中被接受的商品，都具有提供"真实的"满足的属性。一个人用绵羊换取木制餐具，是因为餐具可以为他带来真实的满足，即他可以使用它们。但是餐具并不因此而成为社会公认的交换的商品。因而，一个商品要想被选为社会公认的交换的商品，它必须具备"真实"用途的可能性，但这种属性却不足以使其成为支付手段。

而对于源自交换的满足[1]而言，情况则大不相同。这种满足是所有支付手段，特别是金属主义支付手段所具备的一种必要且充分的属性。一个可以将其获得的交换的商品用于工艺制作，但却无法将它在流通中传递的人，他所拥有的只是一种商品，而不是一种支付手段。例如，在一个白银是金属主义支付手段的国家当中，1磅铜的所有者便处于这种情况。

记住这些至关重要。即使在金属主义（最简单的支付手段形式）之下，也是最初将其用于交换的可能性，赋予了其成为支付手段的属性。而"真实"用途的可能性，并不产生这种属性，否则所有商品早就可能是支付手段了，因为它们都具有技术用途。

在交换中使用，是一种法律现象。因此，即便是金属主义，也是

---

[1] "流通的满足"（circulatory satisfaction）。

一种法定的支付手段形式。

然而,我们不要忘记,金属主义只不过是支付手段的一个实例而已。

无论何时,只要是以物理的方式来量度的一种物质被用作公认的交换的商品,我们就将其称作物质主义的(authylic)形式。金属主义不过是物质主义(authylism)最重要的例子,并且,物质主义本身也只是支付手段的一个实例。在此情况下,持有者可以在"真实的"满足与"流通的"满足之间做出选择。

那么,支付手段究竟是什么呢?一种在任何情况下都可以用于流通的可移动的物体。但这不过是一个一般性的提示,并且你会注意到,"真实"用途不应进入定义当中。将这种用途视作必需和将这种用途排除在外,同样都是错误的。

我们难以给"支付手段"下一个精确的定义,正如我们在数学中无法言表"线"或"数"是什么、在动物学中无法界定"动物"是什么一样。我们通常先考虑最简单的情况(直线、正整数),然后便能进一步拓展这个概念,而这个概念最初是在特定的实例中被辨识出来的。

假如我们称"支付手段是具有承载价值单位的法律属性的可移动的物体",那么这正是我们想要表达的意思。但是我们不要将此看作一种定义,因为它要假定"价值单位"(unit of value)是个不言自明的概念,但事实却远非如此。

让我们言归正传。首先,价值单位不过是用来表示支付金额的单位。旅行者每到一个新的国家都会询问这种单位的名称——账户是用马克、法郎、克朗还是英镑计量。得到答案之后,旅行者会打听通常的支付手段是什么,它们用该国的价值单位衡量值多少。接下来他便可以自行支付。我们看到,价值单位在任何地方都有一个名称。该名称在一些国家几个世纪都没有发生变化（如英镑），在另一些国家（如奥地利）却被有意地加以改变（自 1892 年改为克朗）。无论如何都存在一个名称，问题在于它如今意味着什么。

是否可以根据其技术用途（即用于工艺制作）来进行定义呢？例如，1 马克是 1/1 395 磅黄金。货币金属主义者（metallists）会如此定义。

还是根本就不可能按照其技术用途来定义？如果是这样，那么我们又当以其他何种方式来界定呢？这是货币名义主义者（nominalists）的工作。

货币金属主义者告诉我们，我们只能通过与另一种商品的比较来讨论一种商品的价值。一个购买一种商品的人，称他打算花费多少另一种商品来交换。一个出售一种商品的人，说他愿意接受多少另一种商品来换取。每次等价物（equivalent）都是为了比较而被提及的，以便使"价值"的概念仅具有一种含义。同样显而易见的是，价值在此是这样一个事实，它无法通过观察来决定，而是取决于协议。第三个人当然可以观察到一种商品值多少，但却只能通过查看买方和卖方的协议。倘若用于比较的商品并未被明确指定，那么一种物品的价值就意味着是一种以支付手段表示的价值（lytric value），即来自与普遍认可的交换手段相比较的价值。由此可以再一次看出，我们无法在这个意义上论及交换手段本身的价值。只有那些自身并非交换手段的商品才具有支付手段价值。

货币金属主义者总是认为交换手段是一种交换的商品。

所有这些观点无疑都是正确的。由此可以得出，"以支付手段表示的价值"概念只能产生自与普遍认可的交换的商品的比较。而正如我们所见，这种商品总是最简单的支付手段形式。

然而，有些支付手段却超出了这种简单的形式。它们不是商品，但法律却使其成为支付手段。最重要的例子便是现实当中真正的纸币。价值单位的名称[例如奥地利的基尔德（gulden）]依然存在，不过已不再可能对其下一个诸如"1 基尔德是 1/45 磅白银"这样的技术性定义。因为对于任何人都显而易见的是，这的确是对"基尔德"的一种定义，只不过不是对用来支付的那个"基尔德"，而是对没有人用以支付的那个"基尔德"。我们必须定义的，是通行的支付手段的单位。而对于货币金属主义者而言，这在我们目前的情况下是不可能做到的。

现在我们已到了观点的分化之处。当金属主义盛行的时候，价值单位的技术性定义便能为人们所默默接受——无论如何，只要一旦选中的金属保持不变。而普通人却（私下无意识地）认为，我们现在依然处于金属主义，它只是略有不同，通过铸造货币而变得更加方便。因此，我们能够将价值单位界定为一定数量的金属这种观点被广泛接受。

平常人是货币金属主义者，而理论家则被迫成为货币名义主义者，因为并非总是能够将价值单位定义为一定数量的金属。

在前面已提及的真正的纸币的实例中，它便无法做到。而另一个事实则更加令人惊讶——当支付手段是货币这种并非金属主义形式的时候，它根本就无法做到。但最为奇怪的事实却在于，即使在金属主义的情况下，只要另一种金属被选中，价值单位这一概念就与之前的金属无关，即在技术上独立于它。因为价值单位总是一个历史概念。

债务存在的事实便说明，为何并非总能在技术上定义价值单位，但却总有可能在历史上界定它。

我们的理论家倾向于认为，支付是即时发生的；工匠被认为会交付硬币来换取一定重量的白银。然而，如果支付不是当场完成的话,就会产生一定的长期性支付义务,即债务。国家作为法律的维护者,对这种现象采取了明确的态度——它不是技术上的,而是法律上的。通过法院,国家赋予了债务诉讼权。我们这里所说的债务,仅指那些用价值单位(英镑、马克和卢布)所表示的债务,它不仅包括那些流行的货币制度之下的债务,而且也包括一般性的可以支付的债务。如此一来,我们便得以把在金属主义时期用若干磅铜或银所表示的债务包括在内。

用价值单位表示,并且用支付手段(lytron)偿付的债务,将被称作可以支付的债务(lytric debts)。

那么可以支付的债务是什么呢?——特别是在金属主义的情况下,以及更一般地,在物质主义的情况下,它意所何指呢?

在物质主义情况下,价值单位是依据其所构成的物质命名的。由于每个人都知道小麦或黑麦、铜或银,以及1蒲式耳或1磅的含义,因而支付手段并不存在不确定性。可以支付的债务便是借助这个众所周知的概念定义的。如果在一开始我们便认为支付的物质会保持不变,那么当谷物用于支付时,人们一定会交付如此多的谷物,或者当铜用作支付时,人们也一定会交付如此多的铜。

当根据现行法律充当支付手段的物体是在技术上定义的,那么在物质主义情况下我们就可以说,可以支付的债务是"真实债务"(real debts)。因为债务人理应清偿其债务的物质总是能够予以确定。

如果法律保持不变,那么这种支付制度(lytric system)便到此为止,它将不会有进一步的发展,货币将不可能产生。那样的话,如果金属主义以铜开始,那么我们将仍然处于铜的金属主义,而秤将是支付不可或缺的辅助。

事实显然并非如此。并且历史进程表明,国家作为立法者,肯定会对现有债务采取与我们所设想的截然不同的态度。

对于法学家而言,这种观点不太容易被接受,因为他们已习惯于将现有的法律状况作为出发点,在他们眼中,这种状况不会改变。相比之下,法律史学家则更容易接受这种观点。

在金属主义情况下,如果一旦选中的物质保持不变,那么应当维持以下原则,即债务应当保持不变。

如今几乎每个人都认为,依据最初在支付中使用的物质来判定的债务的绝对量应当保持不变,是一项法律原则。但历史经验却教给我们一个迥然不同的道理。国家在不时改变支付手段的时候,始终保持的只是债务的相对量。它甚至在依然处于金属主义状态的时候,偶尔也会通过引入一个不同于过去用作支付用途的金属来这么做。倘若国家宣布银是取代铜的用作支付的物质,现有债务的相对量便会保持不变。只不过有人会认为,按照过去铜的标准,债务发生了改变。

以上我们的意思是,通过引入一个新的取代旧的用作支付的商品,支付手段发生了改变。在国家宣布支付将不再通过称量铜,而是通过称量银来进行的那一刻,便意味着形成了两个不同的时代。这对早先产生的债务带来了最显著的变化。它们是以若干磅铜的形式产生的——国家宣布它们以一定盎司的银来偿付。国家规定了银与1磅铜之间的比率,这种规定或许根据的是那一天银用铜这种旧时的支付手段所表示的价格。

因而国家对待原先的旧债就仿佛价值单位——1磅铜——只是一个用来表示债务相对量的名称,并不意味着铜在现实中就被交付。国家自身保留有命令"1磅铜"现在意味的是支付一定重量的银之权力。

在从铜向银转变的过程中,国家将现有债务看作名义债务

(nominal debt)，并立即补充规定何种其他物质以及多少这种物质将在未来代表支付手段的单位。

因此，尽管大多数人认为，就过去的现有债务而言，国家会确保延续过去的支付手段，但法律史却表明，国家唯一认可的只是旧有债务的相对数量，并且声称会时不时地变更支付手段。要么就是，国家实际上只做不说，而法律史学家则不加掩饰地正确指出了国家的这种行为。

国家对待原先的支付单位（1磅铜），故而就仿佛它只是意味着原先单位的名称，而对它由什么物质构成并不在乎。但另一方面，国家承认所有的旧债务都一律转换为用新的支付手段所表示的债务。

因此，从国家的角度看，可以支付的债务是用当下的支付手段来偿付的债务。倘若国家变更支付手段，它就会制定一个将一种支付手段转换为另一种支付手段的规则。新的支付手段故而必须参照原先的支付手段。而正是这种参照，使得用新的支付手段来开展商业活动成为可能，因为在变更时期，必须注意原有的债务不应失效，而是应当能够予以偿还。

在金属主义之下，只要用作支付的物质保持不变，可以支付的债务就是"真实"债务。但是，由于从国家的角度来看，有可能引入另一种支付手段，因而它们在此情况下是"名义"债务。

"名义"债务是用当时通用的支付手段来偿付的债务。它们以当时使用的价值单位所表示的数量，是参照原先的价值单位加以计算的。

因此，国家并不将可以支付的债务看作"真实债务"，即用债务产生时所使用的用作支付的物质来偿付，而是将其视作名义债务，即用偿付债务时所使用的用作支付的物质来偿付。

这种"名义债务"并非真的不确定。唯一不确定的是用来偿付它们的物质。

从法律史的角度来看,可以支付的债务因而总是"名义"债务,即它们最初参照的是它们产生之时的支付单位(lytric unit);但是,一旦支付手段改变,它们就转换为用新的支付单位表示的债务。因此它们并不依赖于旧有的支付手段,而是取决于新的价值单位与旧的价值单位之间的关系。

可以支付的债务的名义性(nominality)作为一个法律史问题,即便是在金属主义之下,也是显而易见的,尽管这无疑只是鲜明体现在国家实行变更支付手段之时。旧有的债务无论如何都必须得以维持。因此,可以支付的债务的名义性,甚至早在无论是旧的支付手段还是新的支付手段均完全按照其物质来定义时便已存在。债务的名义性故而与支付手段的物质性并不矛盾,只是与其不变性不相符合。一旦支付的物质可做变更,可以支付的债务就是"名义的"。

很长一段时间我都不敢承认,名义价值单位已足以判定商品的以支付手段表示的价值——我几乎和所有人一样,都犯了相同的错误。我也认为价值只有通过商品之间的自行比较才能判断。然而,如今我们只能说,价值的第一次判定是这么产生的。但是,一旦这种形式的判断成为习惯,那么商品之间的比较就没有必要了,因为对某一商品价值的判定可以按照名义价值单位来给出,而名义价值单位只是历史地定义的。我必须提请任何对此有所疑问之人去参考支付行为(lytric dealings)的历史演变。真正的纸币这种现象确实存在着,并且只有在我们采取名义价值单位时,它才有可能存在。价值单位的名义性,故而是根据诸如支付制度(lytric institutions)的法律演变这一事实经验来确立的。

然而，这一定不能被视作对这样一种仅适用于国内交易的支付形式（lytric form）的辩护，例如真正的纸币。

没有什么能阻止我们发展出一种支付形式，以便如有需要，它能提供"真实的"满足，从而除了在国内使用外，还能便于国外交易。

所有这些都可以在价值单位是"名义的"这一情况下实现，因为这并不存在必然的矛盾。

现在当国家变更支付手段时——尽管一开始仍在物质主义的范围之内（即通过引入新的物质取代旧的物质）——会有人受损吗？当然会有；如果国家有更重要的理由这么做，那么这又有何不可呢？它不可能在不损害某些私人利益的情况下达到自己的目的。我们将阐述从铜转变为银后，哪些私人利益将受到损害。

以前依靠采矿生产铜的人，手头直接便拥有支付手段。从商业的角度来看，这种人让人羡慕。而如今，他却必须首先带着他的铜去市场上作为商品，去换取银这种新的用作支付的商品。

以前用铜作为原材料生产武器的人，支付的是固定价格。如今他不得不作为一种商品来购买他的原材料，因为他必须提供银来交换。

反观银矿的所有者，如今则处于有利地位，因为他的产品现在直接成为支付手段。并且，那些将银制作成器皿或装饰物的人，现在能够以固定价格获得他的原材料，因为他是从现今流通中的新的支付手段当中取得的。

所有这些扰乱了现有的利益格局。

但是让我们现在转向国内一大群"中性的"居民，他们无论是现在还是之前，都既不生产用于支付的物质，也不消费这种物质——例如将这种物质用作原材料来加工制造。对于这些中性群体而言，支付物质的改变是无关紧要的。

如今他们用银而不是用铜来支付他们的债务,但同时也用银而不是用铜来收回他们的账款。中性群体只关注这两种金属的支付方面,故而对这种变更很少甚或根本就不抗拒。

因此,用来支付的物质的变更只会带来很少的波动。如果新的物质要比旧的物质更易于处理,那么几乎每个人都会乐于接受这种改变,并且它不久便会显得相当自然。

债务的名义性,并不在于国家是更多还是更少地变更支付手段,而在于这种变更在理论上是可行的,且无论它是否予以实施。债务和价值单位的名义性,是货币得以产生的必要前提。货币是一种支付手段,但却不一定是物质性的(material)支付手段。因而无论如何,它都是一种与物质主义之下的纯粹物质性支付手段不同构造的支付手段。

支付手段的每一次变更都意味着,价值单位至少在转变之时应被视作"名义的"。

价值单位的名义性,从而可以支付的债务的名义性,并不是一种新现象;相反,它是一种很古老的现象,今天依然存在,并将永远持续下去。它与任何形式的支付手段都是相容的,并且不过是一种支付手段向另一种支付手段演变的必要条件。

它只是在支付手段没有改变的时期,才未引起人们的注意。从支付手段的这种暂时不变当中,人们得出了永恒不变这个错误的结论。

可以支付的债务的不变性,于是并不在于支付手段保持不变,而是在于以下原则,即这些用原先价值单位表示的债务,均以相对量保持不变的方式转换成新的单位。

在物质主义特别是金属主义制度下,价值单位通常没有一个合适的名称。"1磅铜"或"1磅银"这种名称是含糊不清的,以至于不确定它指的是"真实"债务还是"名义"债务。使用铜或银制作工艺品的人，会将这种债务视作"真实"债务，并要求应当交付这种指定的物质。但是，那些将银或铜只是视作当时的支付手段的人，则会预期债务在以后应当用等价的支付手段来偿付。如何解决这种困难呢？它很久以前就解决了，因为国家实际上无意识地采取了如下假设。

用一定数量的在债务产生之时作为支付手段的物质所表示的债务，是一种名义的可以支付的债务。如果指的是"真实"债务，它就必须予以明确说明。如果没有的话，那么债务便是名义的。在不能确定的情况下，可以支付的债务的名义性是由国家预设的。

国家作为法律的维护者的这种行为，并非随着货币的创造——例如随着货币金属（lytric metal）的铸造或独立的纸币的引入——才出现，而是早在变更支付手段之时便开始进行了。在那之前没有理由讨论"名义性"或"真实性"问题。

一旦国家引入一种新的支付手段来取代旧的支付手段，法律（1）应当描述这种新的支付手段，以便使它易于辨认。（2）应当为新的价值单位确定一个名称，并根据这种名称来称呼新的支付手段。通过这种方式，新的支付手段的效力（validity）按照价值单位得以确立。（3）将被使用的价值单位，通过参照与原先单位之间的关系来予以定义。它故而是历史地界定的。

一般而言，没有其他有关新的价值单位的定义。其历史定义意味着，新的支付手段所体现的如此之多的新的价值单位，对于用旧的单位所表示的现有债务的偿付在法律上是有效的。

新的单位的定义，因而在于宣布多少新单位在法律上等价于1个旧单位。这种定义无论是与旧的支付手段的物质构成，还是新的支付手段的物质构成，都完全无关。它只是包含了新的单位与旧的单位之间的折合比例，即它将新的单位与旧的单位关联起来。

所有这些早在金属主义时期就已经出现了。让我们假定从铜向银转变，那么该转变的过程将如下：

首先，国家通过声明新的支付手段将由银这种金属构成来对其予以描述。

其次，国家规定新的单位将被称为"1磅银"，并且为了描述新的支付手段，它制定了这种特殊情况下的规则，即它将依靠称重这种物理实验来形成。每一数量的银，在法律上被称作与它所称重量一样多的若干"磅银"。

再次，国家宣布，"1磅银"这个单位将取代若干数量之前的单位——例如 50 磅铜。这是新单位的法律定义。

一旦所有这些均已完成，那么从铜向银的转变也宣告完成。

常常被忽视的是，金属主义已经拥有了价值单位的名称。它总是与物质的重量单位相重合，但它毕竟存在着。金属主义的特征并非在于它没有名称，而在于它没有特殊的名称。并且更重要的是，金属主义规定支付手段用单位计价命名[即支付性计价命名（lytric denomination）]应当通过称重这种物理实验来获得。但是，如果我们声称，支付手段的计价命名依照称量的结果来决定，那么则是不正确的，并且会全然毁灭理论的一般性。那只不过是其中的一个特例而已。一般而言，支付名称（lytric name）并不受制于这种规则，而是一种国家的法定行为。

在本例中，许多人还认为，"1磅银"单位与之前"1磅铜"单位之间的关联，是根据当时用铜来表示的银的价格来加以规定的。

这使交易对于那些只能将用作支付的物质视作商品的人而言，会变得更为简单。但这样一种与过去的关联却并非必要。一方面，存在一些从一种支付手段向另一种支付手段的转变，其中这种价格上的考虑是不可能的。而从其最广泛的方面而言,与之前单位的关联不管在什么情况下都如同价值单位的名称一样,均是国家的法定行为,可以遵循,也可以不遵循这样一种规则。

最后,声称在以上所选取的实例中,无论是旧的价值单位"1磅铜",还是新的价值单位"1磅银",都可以用"真实的"形式来展现,这种说法没错,因为这个例子就是来自金属主义。然而,以"真实的"形式来呈现却总是一种特例,它有可能,但却并非必要。倘若这个被抛之脑后,那么我们后文将考虑的最为重要的转变就会难以理解。

以下是不变的基本原理:

(1)支付手段的选取,是一国自由行使国家权力的行为;

(2)依据新的价值单位来为支付手段计价命名,也是一国自由行使国家权力的行为;

(3)新的价值单位的定义,同样是一国自由行使国家权力的行为。

正是因为这些行为均是自由的,所以它们可以遵循,也可以不遵循特殊的规则。

这种观点反对这样一种看法,即价值单位的"真实的"形式是普遍情况,而"非真实的"形式则是例外;计价命名通常按照重量来给出,新单位与旧单位之间的关联根据价格水平来确定。

这种看法非常不合逻辑。这里的问题并不在于在大多数情况下会发生什么,以及什么只是一种罕见的例外。我们想抓住事物的本质——真实的一般性命题,它不容许例外,只容许特例。

为了我们理论的普适性考虑,我不得不说,我们支付手段的效力不受其物质构成的约束,并且价值单位只是历史地定义的。

第二节　票券式支付手段

我们观察到这样一个事实，即在人类社会，一种特定的商品，或者更准确地说，一种特定的物质演变成为支付手段。然后我们注意到，支付手段的概念并不受制于某种特殊的物质。因此，支付手段这一概念已经摆脱了物质真实属性的限制，例如是铜是银无关紧要，而只是仍然受限于这样一种条件，即必须要有某种物质。这是每个人通过考察金属主义都能够理解的。价值单位不再是确定的"真实"，而是不确定的"真实"——它不再是 1 磅铜或 1 盎司银，而总是一定数量的由法律规定的物质——不论是铜、银，还是金。用价值单位所表示的债务——可以支付的债务——是用当时用来支付的物质来偿付的债务，即便它们在产生之时是以另一种物质来表示的。

因此，只要这种支付制度一直持续，名义性就是可以支付的债务的属性。在金属主义之下，除了金属外，没有其他的支付手段，尽管哪种金属被用来支付由法律规定。这种依靠法律来选取金属，在此是名义性的唯一标志。只要某种物质本身是支付手段，那么货币就尚未产生。

现在的问题是，支付手段能否达到一个更高的发展阶段，是否可以设想这样一种情况，其中支付手段是一种选来用作此用途的并非物质的东西。

由于最初的支付手段是可移动的物体，而可移动的物体又无法脱离物质来考虑，所以当然无法想象出一种不存在于物质之上的支付手段。因而问题并非在于是否可能想象出某种非物质的支付手段，而在于是否可能存在这样一种支付手段，它并非依靠称重（pensatorially)来定义，即以称量某种特定物质之外的方式来规定。

显而易见，一定存在这样一种支付手段，因为众所周知，在我们现在的支付制度中，并没有用原材料来支付。今天，在我们这种文明水平的国家当中，不可能依靠称量铜、银或金来支付。

我们总是用"物片"（pieces）来支付，即用那些不是依靠其材质而是依靠其形式来规定的可移动的物体来支付。因而我们用来支付的，是某种形状的、上面标有印记的、可以移动的物体。这还没结束，但让我们思索片刻它是什么意思。所有我们用于支付的硬币均属于此类，无论它是由贵金属还是由贱金属构成。它们都是由金属构成，这些金属是具有特定形状的，并且还带有印记。有时还有凭证（warrants），这种支付手段从外表上看是由书写物料构成——不是金属，而通常是纸。这种凭证不管具体是什么，无疑都是可以移动的、具有某种形状且带有印记的物体。

到此为止，我们有关用于支付的"物片"的讨论还不够，因为我们只是论及它们作为技术产品的属性。还必须补充说明的是，我们用以支付的物片具有法律意义。我们的法律规定，只有那些以这样那样的方式形成的物片，才被认可为支付手段，并且这些物片上的重要标记由法律规定。在下文中，我们指的均是这种物片。

目前常用的支付手段总是具有这种形式，即法律意义上的物片。它们是"具有一定形态的"（morphic）。

如我们下面将要看到的，具有一定形态的支付手段并不总是货币，但是所有货币却皆属于具有一定形态的支付手段这一类。形态主义（morphism）是货币制度的必要条件，但却不是充分条件。

这种具有一定形态的形式不再是物质主义的了，因为从法律角度来看，物质主义是不具有特定形态的（amorphic）。它认可那些从技术上考虑具有形状和标记的物片，但是这些形状和标记却并不具有法律意义。一旦这些形状和标记对于界定什么是支付手段、什么不是支付手段十分重要，我们就有了形态主义。

物质主义还有另一个特性——依靠称重来计量，这在金属主义情况下取得了法律意义。这里与形态主义并不冲突，尽管形态主义试图使称量变得毫无必要。

重要的是要清楚这一点，即可能存在这样一种具有一定形态的支付手段，它们在支付时的效力由称重确定。按照交易所的话说，这种使用是"从量的"(*al marco*)，即按重量计算。而按照我们的说法，它们是具有一定形态的称量使用（pensatory practice）的支付手段。

我们此处并非指物片在铸造时被称重，因为这种情况在所有硬币中都会出现。"称量生产"（ponderal production）——按重量生产——指的是在支付行为之前的称重。与之不同，"称量使用"则指的是在支付时为了确定其效力而进行的称重。因为物片存在磨损现象，因而有必要将这两者区分开来。

例如，让我们设想，被称作"达克特"（ducat）的这种为人们所熟悉的金币被引入作为支付手段。当它们被铸造时，其圆片会被称重，这是称量生产。假设法律规定，达克特将按照它们实际所拥有的重量来支付，这便是称量使用。在这种情况下，按照我们自己的度量体系，价值单位将会是达克特金的"克"，即不是任何铸造达克特所规定成色的黄金的"克"，因为那样的话就是金属主义，而是铸造成达克特形式的黄金的"克"。这种形式的黄金的"克"，是一个完全不同于能够铸造成达克特的黄金的"克"的概念。

这样一种制度是可以想象到的。它会产生出依靠称重的具有一定形态的支付手段，并且，该物片在磨损之后，只要依然可以被辨认为是达克特，就是无关紧要的，因为达克特是按照重量来确定效力的。另一方面，仅仅依靠计数来支付是不容许的，因为可能有许多磨损的物片。黄金秤必须随时放在手边，以备使用。

众所周知，在现代文明国家，我们没有这样一种制度。我们谨小慎微以极力避免称量使用，因为所有现代货币制度的目标，便在于摒弃称重器具来作为支付的工具。仅仅形态主义还尚未产生出这种制度，因为我们以上所描述的达克特制度无疑已经是形态主义的了，但它却依然离不开称重。

那么除了称重，是否还有其他方法来解决物片的效力问题呢？当然有，只要我们有一个形态主义的货币制度。

形态主义提供了无须像过去那样，通过确定任何给定的物质来识别支付手段的可能性，因为法律规定明确描述了获得准许的物片。当法律规定赋予了价值单位以一定名称（如马克、法郎或卢布），并参照先前的单位对其进行界定时，便没有什么能够阻止我们赋予具有一定形态的支付手段以不依靠称重，而是依靠法令的效力。法令宣布，一块这样或那样类型的物品将作为若干数目的价值单位合法有效。形态主义，因而开辟了一条无须依靠称重的道路。效力可以取决于法令公告（proclamation）。这意味着，称重器具在支付行为中最终被摒弃。并且，物片的磨损并不重要，只要它们依然清晰可辨。

由法令所确定的效力，通常被称为物片的"票面价值"（face value），以与其据说是由自身金属含量所决定的"内在价值"（intrinsic value）相对比。这是货币金属主义者（metallists）的癖好，他们本质上总是金属主义者（autometallists）。

这种依靠法令确定的效力，并不局限于任何一种物质。它既可以存在于最贵重的金属身上，也可以出现在最低贱的金属身上，而且还可产生自所有无须称量支付的情况，即现代货币制度之下。并且，正如我们所看到的，我们不应当将"价值"（value）概念应用于这种支付手段，从而也就不能将其应用于这种货币本身，而是只能将其应用于那些并非支付手段的东西，因为就"价值"而言，我们总是使用通用的支付手段作为比较标准；但是请不要重新提及金属主义形式，因为我们现在描述的正是对金属主义的扬弃。

因此，依靠法令来确定效力，与物片由特定材质构成之间并不矛盾，而是与依靠称重来确定效力不相一致。在现代货币制度下，法令总是具有至高无上性。物片由特定的材质构成，这一事实虽然可能会产生各种各样的结果，但它却并非效力的依据。只有当支付依然需要依靠称重的时候才会如此，但这种情况如此罕见，以至于我们不得不虚构达克特这个例子。然而，鉴于依靠称重的这种保守反应十分重要，我们只好将这种形式纳入我们的制度，以便必要时能够加以提及。

为了同"依靠称重的"支付手段区分开来，我们需要给"具有一定形态的依靠法令的"支付手段另取一个短小的名称，这种支付手段的金属含量对于其效力而言无关紧要。无论如何，它们是可移动的物体，在法律上具有与其物质构成毫不相关的意义。在日常生活中，法律提供了许多这样的物体。当我们来到剧院把脱下的外套存放在衣帽间时，会收到一个一定大小、上面带有或许是个号码标记的锡制圆片。圆片上面再没有其他东西，但是这个标签或标记却具有法律意义，它证明我有权要回我的外套。

当邮寄信件的时候，我们会贴上一张邮票或标签，它证明我们已经支付了邮资，因而有权寄送信件。

"票券"（ticket）这个很早以前就被采用的词语，很好地表达了这样一种可移动的、有一定形状且带有标记的物体，法令赋予了它以独立于其材质的用处。

而我们的支付手段,无论是硬币还是凭证,皆具备上述特性:它们都是用作支付手段的凭证或票券。

这些票券或凭证的概念,并没有告诉我们它们由什么材质构成。它们既可以是贵金属,又可以是贱金属,还可以是纸片——仅举这几个最重要的例子。因此,不要以为票券或凭证指的是,由相比于出现在它们之前的金属主义支付手段而毫无价值的材质所构成的物体。我们暂且不予考虑它们的价值。我们只需要认识到,这种带有标记的物体是一种不依靠称重的法定支付手段。

也许,拉丁词"Charta"具有票券或凭证的含义,我们由此可以创造一个新的但易于理解的形容词——"Chartal"。我们的支付手段便具有这种凭证或票券的(Chartal)形式。

在当今文明社会,人们只能用这种票据或票券物来完成支付。

支付手段的这种票券属性(chartality),即便在硬币被完全废止使用的情况下,也永远不会消失,而考虑到小额支付的便利性,它们不可能被废止使用。

重要的是,这些票券应当具有法律所准确描述的标记,而是否应该带有任何书面铭文并不重要。字母或文字(纹章)无关紧要。它们只有在作为一种识别方式时才有意义。它们的意义并不是通过读懂标记来发掘,而是依靠查阅法律来获得。

因此,既绘有奥地利国家的国徽,又刻有奥地利皇帝的肖像的硬币,一旦奥地利法律要求废止使用,它们就不再是奥地利的支付手段。但也正是这种硬币,尽管带有外国的印记,却可以在德意志帝国充当支付手段[例如奥地利的联合泰勒(Vereinsthaler)],因为德国法律就是如此规定的。这并非虚构的事例,而是1900年之前众所周知的事实。

因此,票券式支付手段的法律意义无法从它们自身获知。它们身上所带有的标记,只能依照议会法令或其他法律来解读。

印有标记的物体,故而可以被称作"符号"(symbols),如果这个词没有暗含这样一种错误的思想的话,即这样的支付手段只是让人想起其他更好且更真实的支付手段,而它们自身既不好也不真实。

首先,在"票券式"支付手段中,即便从最严格的货币金属主义的角度来看,也有许多在真实和优良方面没有什么可苛求的,例如我们自己的金币。其次,同属票券式的凭证或票据,同样包含许多优良性和真实性,只不过是在货币金属主义者们不那么熟悉的领域。出于这些原因,论及符号式的(symbolic)支付手段是不合适的,特别是因为如果它们被赋予了这个术语之后,人们会从金属主义完全负面的意义上来加以理解。

但是,这从未被明确表述,因为"金属主义"这个词至今都并未通用。

在票券主义情况下,物片被视作如同客观的个体一样,完整而不可分割。

票券主义与称量使用相互排斥,恰如形态主义与非形态主义之间相互排斥一样。

支付手段的这种票券属性并不是个技术问题,只有特定形状物的生产——我们称之为形态主义——才是技术性的,并且,最初的形态主义,是早期形式的硬币的生产。

票券属性有赖于同法律的一定联系。因此,不可能从其材质本身分辨出一物是否是票券式的。对于凭证而言,这立即显而易见。至于硬币,我们必须总是参照法令和法律,单靠它们便能提供信息。

虽然形态主义源自技术发明——将过去按照重量使用的金属进行铸造——但票券主义却是在毫无察觉中涌现的,如此完全的毫无察觉，以至于迄今为止它都没有一个名称。

事情是这样发生的：当具有特定形状的物体最初被铸造时，主要考虑的是人们应当可立即识别出这些在过去是按重量来使用的金属的属性和数量。这样做是为了不必检验或称量该物质。最开始没有人想到它们会磨损。因此，就没有必要考虑它们的使用是依赖于称重还是取决于法令，因为如果它们完好无损的话，这种区分就没有意义。

但是经过一段时间之后，随着它们的磨损变得显而易见，问题便产生了，甚至在现代也造成了不确定性："这些物片是按照重量来获得效力的吗？"如果答案为"是"，那么它们就依旧是称量式支付；但如果它们是依靠法令而获得效力，它们就是票券式的。

因而，票券主义只不过是某种具有可见形状的支付手段依照法令的使用。

一旦票券属性的法律性质得以产生，这便使另一发展成为可能。关于这一发展，我们至今只是有所暗示。

物质主义——以及它最常见的形式金属主义——总是预设存在某种用来支付的物质。在这种制度中，支付手段因而总是物质性的（hylogenic），正如我们所如此称谓的。

它已经潜藏在那种物质里了。但单凭这种物质它还尚不能产生，而只有通过对这种物质的特定使用，它才应运而生。

一旦"票券属性"这一概念形成，便首次产生了不再是物质性的支付手段的可能性，我们将这种支付手段称作自主性的（autogenic）。自主性的支付手段不一定这个时候产生，但却可以这个时候产生，并且在此之前无法产生。由于票券属性使物体的物质构成成为一种附带情况，它虽然可能会产生重要影响，但对于确立硬币的效力却不再必要。

在物质主义形式中，物质是非常重要的，因为对什么是支付手段的描述便主要在于——在这个阶段也只能在于——对物质的描述。

就是这样，并且在这个阶段尚不可能设想出任何其他的辨识手段。

但是，当票券主义出现之后，对印有标记的物体的描述，便提供了一种新的辨识支付手段的方法，因为国家宣称该物体具有这样那样的外观，并且它们的效力依靠法令确定。因而，在这里，并不是对某种具体物质的说明，而是对某种形状的物体的描述，使得支付手段可以辨认。

如此一来，票券式的物体可能仍然是物质性的，但它们也可以是自主性的。

起初人们坚守这种物质性传统，并生产物质性的票券式支付手段。后来，支付手段发生了变化，不再是物质性的了，这主要是因为票券属性而成为可能。这一演变过程的原因在此不便阐述，而与之相伴的危险必须在其他地方加以讨论。所有我们需要记住的是，票券属性使自主性的支付手段成为可能。

支付手段的自主性（autogeneity），在票券属性通过法律裁决而出现的那一刻，事实上便等同于已经产生了，尽管实际上并没有。因为为何出自你中意的任何物质的物体不能从票券性上来予以看待呢？然而，倘若这种物质可以任意选择，那么过去曾使用的物质主义的物质便可以"返本还源"。票券属性并不要求是自主性的支付手段，但却像认可物质性支付手段一样认可它们。

理解了票券属性的含义，那么你理解物质性支付手段，便如同理解自主性支付手段那么容易。

经过这一介绍之后，我们便很容易回答"货币是什么？"这个重大的支付学(lytrology)问题。

在德语中,货币(Geld)总是表示一定形式的(具有特定形态的)支付手段,但却有一些具有特定形态的支付手段是称量式的。然而,这是处于发展的低级阶段,在历史的进程中是会被超越的。对于更为真切的观察者而言,现代意义上的货币,是在具有特定形态的支付手段依靠法令确定其效力,并变成票券式的时候首次出现的。因而我们便得到以下关于上面问题的答案。

货币总是表示票券式的支付手段。我们将所有票券式的支付手段都称作货币。因此,货币的定义就是"票券式的支付手段"。

但是,一旦货币出现,就应当区分物质性货币与自主性货币。

出于多种原因,人们偏爱物质性货币,但是没有人否认同时存在自主性货币,因为饱受诟病的不可兑换的(inconvertible)纸币也依然是货币,并且,自主性货币不正是由纸片构成的吗?我们的理论因而给予这个"继子"以应有的重视。

这里所讨论的支付现象的演变顺序并非恣意而为,而是势所必然。

(1)我们预先假定支付手段具有物质属性(hylogenesis),因为只有物质性支付手段才有可能依靠称重来使用;(2)接下来形态主义出现了,只有特定形态的支付手段才能依靠法令来使用,从而成为票券式的;(3)最后,只有在票券式支付手段的情况下,物质性成分才可能消失,因而也只有它们才能成为自主性的。

因此,我们关于支付手段的分类不仅是可行的,而且是绝对必要的,这可以从历史上该现象便是按照此顺序出现这一事实中窥见一斑。

正如我们所看到的,价值单位的名义性是由国家作为法律的守护者和维护者在其职权范围之内确立的。但是,这并非通过哲学思考而产生,而是恰恰相反。出于这样或那样的原因,国家被迫引入一种新的支付手段来取代旧的支付手段,同时又希望至少在相对比例上维持现有债务。法律体系考虑到这一事实后,便立即开始思量如何应对,最后不得不将可以支付的名义债务取代真实债务,因为除此之外没有其他方法来使它自身适应这种新的形势。

支付手段的票券属性,以类似的方式产生。国家作为法律的维护者宣布,成为支付手段的属性应当内在于像这样的某种印有标记的物体,而不在于物体的材质。在这种情况下,法律同样开始思考该如何应对,从而创造出凭证或票券这个概念。这并非突发奇想,而是它必须使它自身适应变化了的形势。最后,这同样适用于自主属性(autogenesis)的产生。它是国家而不是法学家创造的。

在所有这些情况中,推动力皆来自国家的政治行为。法律体系只是因满足国家的需要,而从国家的行为中衍生出来的。

当我们在本书一开始声称货币是法律的产物的时候,这不应当在狭义上被解释为它是法律体系的产物,而应当在广义上理解为它是国家立法活动、立法政策的产物。

票券形式并非不许用昂贵的物质来制造支付手段,只是它没有必要如此。票券属性使支付手段的概念与其材质无关。票券形式是一个可以在其中设置各种支付手段的宽泛框架,无论它们是由贵重物质构成,还是由低贱物质构成。

但这并非因此就意味着它在现实情况中无关紧要。物质的属性具有特殊的作用,我们会在合适的地方关注这个问题。此处唯一重要的是确定票券形式的本质是什么,而暂时不考虑不同种类的票券式构造内在固有的属性问题。

由上可见,票券形式是与引入它的国家联系在一起的,因为该票券式支付手段必须在法律所及的地方,即局限于一国境内使用——一国法律在一国境外并不起作用。票券形式不可能在"国际上"有效，或者更确切地说，只要国家之间完全独立，它就不可能在不同的国家皆有效。

与金属主义相比，这是它的一个鲜明的局限性。

如果两个国家具有相同的金属主义，即都用铜或都用银来支付，那么在这种情况下，它们便立即拥有国家间（international）——政治间（interpolitical）更为恰当——的支付手段。这种共同制度的形式，在票券式构造的思想中是不容许存在的。如果两国签署协议共享货币，那么就我们的目的而言，它们就不再是独立的国家，而是形成了一个国家共同体，应当作为一个整体来看待。

因此，为何我们在当今文明国家当中没有政治间的货币，这一问题易于回答。那是因为票券形式普遍存在，而这从根本上摒除了两个独立的国家应有共同的货币这种想法。

要求政治间货币的人反对票券形式，但成功机会渺茫。倘若他寄希望于联合，那么麻烦他记住，除了货币，国家还必须考虑其他事情。

当然，可以对这种国家票券式制度进行相应的补充，从而通过间接的方式促使"国家间的"货币制度这一重大目标得以实现，就此我们之后会谈到。对于并未联合的独立国家要求"国家间的"货币，完全是一种不可理喻的想法。但渴望货币安排尽可能小地阻碍国际交易，却总是可行的。

以上讨论引出了对支付手段的"谱系性"（genetic）划分。我们称这种划分为"谱系性的"，是因为我们仅考虑那些有关其起源或成因特征的情况。此处假定国家只承认一种货币，尽管它通常允许多种在谱系上不尽相同的货币使用。就这些在谱系上不尽相同的多种货币的共同存在，我们必须在之后加以考虑。它产生了其他分类——我们称之为功能分类(functional classification)。并且,由于这种分类基于完全不同的依据[1],我们必须将其与谱系分类(genetic classification)严格区分开来。大量货币分类的混乱,便源自对这种区分的忽视。

如我们已经看到的,将支付手段划分为依靠称重的支付手段与依靠法令的支付手段,是谱系分类;我们的货币概念因而是谱系性的,因为它表示的是票券式的支付手段。

我们尚未讨论的铸币概念,同样是谱系性的。

另一方面,正如我们下面将看到的,诸如通货(current money)、零钱(small change)和本位币(valuta money)这些概念,则完全是功能性的。我们迄今所讨论的与这种分类尚无关系,此处暂且提及只是为了不考虑它。

谱系分类首先具有下述三大特征:

(1) 支付手段要么是依靠称重的,要么是依靠法令的;
(2) 它们要么是具有特定形态的,要么是不具有特定形态的;
(3) 它们要么是物质性的,要么是自主性的。

这些特征如下表所示,它们是基于谱系分类。

支付手段			
依靠称重的 (只能是物质性的)		依靠法令的 (只能是具有特定形态的)	
不具有特定形态的	具有特定形态的	这些支付手段是票券式的 票券式的支付手段＝货币	
金属主义	达克特的例子	物质性的	自主性的
I	II	III & IV (见后)	V & VI (见后)

---

[1] 功能分类(Fundamentum divisionis)。——英文译者注

I. 第一种是物质主义的支付手段,由于在实践中只有金属构成这种物质,这意味着它们是金属主义的支付手段。

条块形式已足够。并不排除硬币形式,只要我们还只是从技术意义上来称谓硬币。但是硬币这种形式绝不具有任何法律意义。

II. 第二种(具有特定形态的依靠称重的)支付手段总是以硬币的形式出现。金属是无关紧要的。但是要注意,并不是所有硬币都属于此类,只有那些按照它们的实际重量来使用的硬币才属于此类。

此处所描述的这种形式如此罕见,以至于我们不得不举出我们之前所述的达克特这种依靠称重来使用的事例。

III—VI. 这四种全都是货币。应当注意的是,其中既有物质性货币,又有自主性货币,并且它们下面均分为两个子类,我们之后会回头讨论这些子类。

而关于票券式支付手段(即货币)的更为精确的分类,我们同样稍后再讨论。现在我们必须说明通过使用票券式的支付手段而带来的那种满足。

第三节　流通中的使用

收到称量式支付的人,可以在用于工艺生产和用于流通二者之间进行选择。

如果他决定选择前者或技术性用途,那么他会非常仔细地考虑物质的性质和数量。但如果他决定用于流通,那么他考虑的只是它们作为支付手段在法律上的效力。

当我们考虑由票券式支付手段——货币——来满足需要时,我们不能一概断言这种满足绝不是"真实的",因为有些种类的货币尽管属于票券式制度,但却提供了"真实的"满足。例如,铸币——我们不久之后将知晓的一个很难界定的概念——便具备票券式支付手段的形式，但却具有如特定形态的称量式支付手段那样，提供真实满足的属性——至少在重量没有减少的时候是如此。

许多其他种类的货币，无论是硬币还是凭证，从其材质上看，要么完全不能用于技术性用途（纸），要么只能以遭受重大损失的方式来使用。因而对它们而言，真实的满足在实践中是不予考虑的。

结果是，一般而言，货币无法提供确切无疑的"真实的"满足，但却能通过流通提供绝对确定的满足。

因此，所有支付手段的共同特征在于，持有者一旦准备交付价值单位，便可将它们用于流通。持有者的满足故而并非依赖于持有本身，而是取决于出于未来用于支付之目的而持有。

它们的区别在于，称量式支付手段总是可以投入技术性用途，并且提供"真实的"满足，而票券式支付手段却不一定能如此。

为什么普通人总是觉得没有"真实的"满足就如此靠不住呢？原因显然如下。

可以支付的债务只能通过交付某个物体（1磅铜）——或许也能通过交付另一种由国家取代它的物体（银）——来减少或清偿。但无论如何，却只能通过这样一种即使不靠法律也能成为经济商品的物体来履行。

但是，有一些票券式物体（例如凭证和票据），不依靠法律就不是经济商品。本身被视作一张纸的表示什么呢？显然什么也不是。

普通人如此思考便认为，将支付手段与法律规定分离开来，从属性上对它们吹毛求疵，并且如果构成它们的物质不再是经济商品，便拒绝接受，这些都是正当合理的。当他眼前一看到这种形式的票券式物体，或者当他被要求接受它作为支付手段时，便会脱口而出，称它是"一张废纸"。

然而,当他自己提供该物体用于支付,而他人对该物体显露出"一张废纸"那样的表情时,角色便对调过来了,这时他会说人家是傻瓜。

但是,从法律方面和属性角度轮换着来判断票券式物体却是错误的。支付是一项法定程序,票券式物体在法律上有效便足够了。

在谈及债务的时候,每个人出于天性,都会将自己视作债权人,并从他们作为接受者的角度来评判支付手段。

但是,从我自身的角度来看,除了我作为债权人,别人欠我的债务外,还有我作为债务人,我欠别人的债务。后者往往被称作我的"债务",其他的则是我的债权。

"债务"这一概念是语意不明确的(amphibolic);意即,如果两个人之间存在债务关系,它却并没有说明哪一方是债权人,哪一方是债务人。

对于债务为正的那一方,他被称作债务人;对于债务为负的那一方,他被称作债权人。负的债务即为债权。

因此,反过来也是如此。"债权"这个概念也是语意不明确的。如果两个人之间存在债权关系,它也并没有规定哪一方是债权人,哪一方是债务人。

对于债权为正的那一方,他被称作债权人;对于债权为负的那一方,他被称作债务人。负的债权即为债务。

我们经常提及的国家维持现有债务的原则,可以通过以下方式得到更好的说明:"对于每个人而言,国家既维持负的债务,又维持正的债务",或者如果你愿意,"对于每个人而言,国家既维持负的债权,又维持正的债权"。当国家引入新的支付手段时,这会对每个人,无论是正的还是负的债务——或者换种说法,无论是正的还是负的债权——都产生影响。

每个人在交易中都具有双面向的(amphitropic)身份,即在一些场合是债务人,同时在另外一些场合又是债权人。

个人在经济交易中的双面向身份如此显而易见,以至于它被完全忽视了。

外行对于诸如饱受诟病的不可兑换的纸币这种支付手段的反对,总是基于他单面向地(monotropically)看待经济交易中的身份这种错误之上;他认为自己总是债权人。

他犯了两个错误:第一,他从其自然属性方面,而不是从其法律方面来看待这种票券式的支付手段;第二,他从单面向的角度,而不是从双面向的角度来看待他在交易中的身份。

然而,如果我们避免了这两个错误,那么存在一种货币,其物质不靠法律规定不再是"商品",这种情况就不再是匪夷所思的了。

如果一个普通人现在提出这么一个现实问题,即他根本不想要纸币这种票券形式,在他看来,这种形式似乎是危险的,是对公共福利的威胁。那么,他很有可能是对的,但却超出了理论讨论的范围——正如他想要做的一样,因为一个平常人具有的是公众人物的性情;他为公共福利感到深深的忧虑,渴望利用他自身的能动性来给社会带来良善。然而又有谁会愿意站出来反对他呢?

不过,这却不是理论家的态度。他必须对各种支付形式——无论是好的还是差的——给予同等的关注。他不会从提出建议开始,而是以阐释原理为己任。对于他而言,事物的本质与其现实意义大相径庭。他的性情并非公众人物式的,而是哲学家式的。

在实践中具有危险的制度却合他的心意,因为其本质特征很容易辨认,但谨慎起见,他不会推荐这样一种制度。他不是来提供建议的,而是来解释现象的。他把为社会带来良善的工作留给公众人物;而最有影响的公众人物,却通常是最糟糕无力的理论家。

一旦货币与其物质构成分离开来,就经常会有人指摘,现在无法完成如其本来意义上而言的"真正的"支付(real payment)。如果支付指的是用某种物质来支付的话,那么当然不能。但法律体系必须使其自身适应政治权力。法律有时认可这种支付,因而对于法学家而言它们是真正的支付,并且法律体系被迫相应地拓展之前狭义的支付概念。

此外还有一种经常针对非物质的票券式货币的反对意见。这种意见认为,这些票据作为纯粹的纸币,代表的是国家的债务。使用这些票据的支付,因而只是一种对国家的要求权,就国家而言,它们是有待实现的一种暂时的满足。它并非最终性支付,因而严格来说根本就不是支付。据说,1866 年奥地利的国家纸币便支持了这一论点。它们无疑是最严格意义上的纸币,但却印有"国家债务署"(*die Staats-Schuldenverwaltung*)字样。

然而此处我们必须牢记的是,票券式物体上面的印记并非该物体法律属性的信息来源,而只不过是一种鲜明的标志罢了。

问题在于这些物体在法律层面如何有效。从表面上看,法律或许会承认它们是债务,但如果这种债务并不准备偿还的话,那么它们实际上就不是。就纸币本身而言,国家没有提供任何其他的支付手段;因而它并不代表国家的债务,即便这是明文规定的。这种声明无非只是政治上的良好愿望,并不真的就表明国家会将它兑换为某种其他的支付手段。起决定性的因素并不在于国家如果有可能会做什么,而在于国家实际上在做什么。因而,认为不可兑换的纸币的支付并非真正的支付,这种看法完全是错误的。它是真正的支付,虽然它并非物质的支付。

如果说国家尽其最大努力摒弃那个纸币制度,并将这些纸币尽可能快地兑换为物质货币,纸币于是成为对之后更好的货币的一种要求权,因而是国家的债务,那么我们该如何回答呢?

对此问题的回答是,这些纸币依然不是法律意义上的国家的债务,而充其量只是在法律史的过程中看起来像罢了——其中国家显示出早晚有一天要变更支付手段,并且按照某种之后将被发现的折合比例,把当前的支付手段转变为新的支付手段的意图。

根据该意图来判断,纸币可以被称作国家的债务。但就这个意义上而言,任何支付手段,即使是金属主义的支付手段,也是国家的债务。因此,我们不应当拒绝向纸币冠以"真正的最终性支付手段"这种称呼。

这并不难以理解。每种新的支付手段都是按照其价值单位命名的,而每种新的单位又都是依据旧有的单位确定的。

一旦引入新的单位,旧的单位便会对新的单位产生一种要求权,因为鉴于国家并未取消现有债务,因而它并没有废除现有支付手段。

国家或许想摒弃不可兑换的纸币,而向往"更好的"支付手段,这个事实因而并未提供依据,据此足以认为纸币是国家的债务,在某种意义上不同于"更加可靠的"支付手段。

随着时间的推移,所有支付手段都易于发生变化。纸币只有在支付手段没有任何根本而普遍的变化的情况下仍可兑换的时候,才会成为法律意义上的债务。而根据我们以上所述之前提,这种纸币当然不是。

与其没完没了地纠缠于自主性货币的缺陷,还不如稍加思索它们的益处。它解除了我们的债务,一个摆脱了债务的人,并不需要花费时间去考虑他的支付手段是否是物质性的。最重要的是,它解除了我们对国家的债务,因为国家在发行支付手段时就承诺它在接收时会接受这种支付手段。税收扮演的角色越大,这一事实对纳税人就越加重要。

用非物质的货币(我并不是说不重要的货币)支付,对于其发行国而言,如同任何其他货币一样,均是真正的支付。它足以满足国内贸易的需要,事实上它使该贸易得以进行。它确实没有满足某些其他的需要,但该现象本身并非不正常。

该现象只有在与我们所珍视的先入之见相抵触这个意义上,才是不正常的。非物质的票券式货币并非根据学校的要求而构想出来的。它并非狭隘的学院传说,而是活生生的事实,将教导我们票券式支付的基本原理。

非物质的票券形式并非不正常。相反,它展现的是将被披上各种各样堂皇而有益的时装的正常裸模人体。

打造一支军队是类似的例子。为军队配备后膛炮或许非常有利,因为它将更好地针对敌人。但是这种技术状况却并非军队的本质,其本质在于一个有管理的整体,无论它是否装备精良。这同样适用于货币制度。它是一种行政现象,在优先考虑这种或那种支付手段之前,必须形成这么个概念。

货币金属主义者缺乏理论来不偏不倚、不带偏见地讨论非物质货币。而我们此处所阐释的货币国定主义者(chartalists)的理论,则既为物质货币,也为非物质货币提供了讨论的空间。它是完全无害的,因为它不提供任何建议;它又是完全适切的,因为它解释了一切事物。

确实,货币国定主义者干脆痛快地承认了这么一件事。即在非物质的票券式货币的情况下,正如我们迄今所描述的,价值单位并非"真实地"——即以某种物质来——定义。我们无法称1磅铜、1盎司银或若干克金构成了价值单位。这并不就意味着价值单位根本就没被定义,而只是意味着它是历史地界定的。这是法律满足于界定和命名支付手段，并将它们同之前的单位联系起来这一事实的一个显而易见的逻辑结果。法律从未宣称，支付手段是这样或那样数量的物质，而只是赋予它们一个名称和描述。

一旦国家发展到票券式支付手段，概念之间的相互关系便发生了改变。

以前，价值单位是"真实地"——即以某种物质来——定义的。由此产生出用价值单位来表示的债务，并且支付手段是界定价值单位的结果（例如，如果1磅铜是价值单位，那么支付手段就是铜）。

然而，一旦票券形式被引入，就转变为如下情况。用之前的价值单位所表示的债务依然存在。当前的价值单位并非"真实地"定义，而是依靠国家法令来确定多少数量的当前单位（如马克）将清偿以原先单位（如泰勒）所表示的债务。要知晓支付手段，我们需要的不是单纯的历史定义，而是对这种物体的特别描述，以及每个物体按规定值多少个价值单位。由此产生的效力纯粹是命令式的，对于这些物体的确切构成，既不要求也不排斥。

以前，价值单位必须"真实地"——即以某种物质来——定义。由此产生出用相应价值单位所表示的债务。如今我们知道，存在用以前价值单位所表示的债务，正因为这些债务，当前的单位不再是"真实地"定义，而是历史地定义。

从价值单位的定义中，是无法得出有关支付手段的结论的，因为这个定义已经不再是"真实的定义"了。

所有这些对每个票券式制度都适用，因而也适用于每一种货币，甚至于最流行的那种货币——铸币，正如我们很快将要表明的。

这或许是敢于提出的最大胆的断言，因为没有什么与普遍的观点如此截然相反的了。人们会反驳称，这些命题在纸币的情况下可能是正确的，但在铸币的情况下它们是错误的。但是，支付手段间的一大分隔墙,并不是横亘在硬币与纸币之间,而是横亘在称量式支付手段与票券式支付手段之间。

铸币具有纸币身上的所有属性,并且还具有一些其他的属性。

第四节 货币与金属之间的质地和谱系关系

货币与金属之间的关系,最容易被划分为质地(platic)关系、谱系(genetic)关系和比价(dromic)关系这三种。

当我们将对已完成铸造的货币物的考虑仅局限于其作为"物片"或圆片的属性时,我们便有了质地关系。[1]

一旦我们探究某种货币是否只能通过使用某种在法律看来在任何时候都注定用来转变为货币的金属来制造,谱系关系便显现出来。有些种类的货币是这样产生的,其他货币则以别的方式产生。

当问及金属是否可以按照一个固定的价格来获得这个问题时,比价关系便出现了。

铸币(specie money)[2]的定义将产生自谱系关系的考虑,这种关系是目前为止最重要的关系。

最不重要的一种是质地关系,它也正好是最接近普通人心目中的那种关系。在技术上我们发现,硬币属于一方,而凭证[3]或票据属于另一方。

硬币是由金属制成的刻有印记的圆片。而凭证则是由纸张、皮革、丝绸或任何其他非金属材质所构成的印有文字或图案的物体。此外,硬币既可以由贵金属制成,也可以由贱金属制成。贵金属是

---

[1] 质地的(*Platic*)。
[2] 硬币(*Bares Geld*, hard cash)。
[3] 凭证、钞票(*Scheine*)。

那些不易氧化的金属，特别是金和银。

铸造的货币总是具有某种铸造标准。如果要铸造某种硬币，例如英国金币苏弗林（sovereign），那么将使用某种金属，并用给定重量的这种金属铸造成若干数量等重的硬币。

铸造标准并没有说明这种或那种金属是否可以自由地转化为货币，而是假设这种或那种硬币要被生产时而制定生产的技术规则。铸造标准规定了将使用什么金属，以及等重的硬币的构成。就贵金属而言，德国通行的做法是只确定贵金属含量（fine content），而不是成色（alloy），不过关于成色同样是有规定的。

恰如铸造标准并未说明金属是自由地还是有条件地转化为货币一样，它也并未说明这些硬币的效力。确定它们的效力，是特别的法律行为。这是票券属性的本质。

其结果是，对于每一种铸造的货币，其效力都必须明确且单独予以规定。

这在硬币本身具有名称时——例如英国苏弗林——表现得最为明显。用 40 磅金衡制标准黄金铸造成 1869 枚苏弗林，这一规定便产生了铸造标准，但是这并未说明这些硬币的效力。而苏弗林值 1 英镑这一主张，则是加之于铸造标准定义之上的不同规定。确定硬币效力并不是铸造技术的一部分，而是国家票券式法律（Chartal law）的一部分。这个情况很容易被货币金属主义者们所忽视，他们永远无法摆脱价值单位由给定数量的金属来表征这一观念。

因此，规定苏弗林铸造标准的那个法令，并未进一步主张所有黄金均可以无限制地转化成苏弗林。

德国的情况与之类似，我们称为克朗（krone）的金币（自从 1871 年以来）的铸造标准，要求在生产时用 1 磅纯金铸造成 139½ 枚金币。

它同样并未要求黄金无限制地予以铸造，也未规定该克朗值多少马克。效力是通过特别的法规来确定的，该法规规定了诸如：苏弗林值1英镑，德国克朗值10马克，"德国铜币芬尼（pfennig）等于1/100马克"。1克朗的相对含量（specific content）是 1/1 395 磅纯金，因为每一枚具有如此效力的金币皆含有这个数量的黄金。德国银币马克（mark）的相对含量为 1/100 磅纯银，因为每一枚具有如此效力的银币皆含有这个数量的白银。当然，我们指的是在它被铸造的时候。德国银币泰勒（thaler）的相对含量为 1/90 磅纯银，因为每一枚具有如此效力的泰勒银币皆含有这个数量的纯银。注意，泰勒和两马克这两种银币并不具有相等的相对含量，因为其效力的确定并非有赖于其含量。

从相对含量得出的结果，同样可以从"相对"效力（specific validity）中获得，它们二者之间呈现的是一种倒数关系，例如从1磅金衡制标准黄金中铸造成 1 869/40 英镑苏弗林；从1磅纯金的金块中铸造成 1 395 马克克朗。

一旦其相对效力，或者其倒数表达式，即相对含量被予以确定，古代的造币术语便用"生产出"这个词来加以表达；1磅纯银生产出 30 泰勒（价值单位），正如现在生产出 100 枚两马克。

只要我们不越出这种质地分类，就完全不可能发现铸币。许多人认为那些贵金属银币便是铸币。有时候它们的确是，但是有些贵金属硬币却并不是铸币，例如 1871 年之后的泰勒。

另一方面，在古代有种铜币，由贱金属铸造，它们无疑算是铸币。

质地分类并不是很富有成效。造币厂厂长的宝贵知识和我们钱币学家令人称羡的学识，值得我们尊敬，但是除了有关硬币含量和印记的知识外，他们二者都无法带给我们更多，而且二者还似乎无助于我们理解支付手段的真正本质。

支付学无法在钱币学的基础之上构建,尽管最古老的支付手段在成为货币时是以硬币的形式出现的。而对于货币的谱系分类,却能直达问题的根源。让我们把注意力集中于由法律所规定的关于金属转化为货币的条件。

在金属主义时期,法律选取某种金属充当交易手段;而在票券主义早期,人们依然坚持认为,某种特定的金属在物理上可以无限量地转化为货币物。我们把这种金属称作原质的(hylic)。它本身不再是交易手段,而被认为是货币存在的必要载体,通常通过铸造予以产生。

因此,货币依然是物质性的,故而仍与金属主义联系在一起。

不同之处在于,依靠称重的条块或硬币按照重量来支付,而货币却并非如此;相似之处在于,在这两种情况下,原质金属的数量均决定了支付手段的数量。

没有原质金属,就没有支付手段——这是从金属主义制度延续到票券主义制度的原理,不过这只是针对物质性货币而言的。原质(hyle)[1]现在表示的是依照制度可以无限制地转化为货币的金属(我们无须考虑其他材质)。如果存在限制,那么这种金属就不再是原质的了,因而譬如在德国,铜、镍和银就不是原质的,而金则是。

金是原质的,并非源自其在工艺生产中的用途,而是源于法律规定——可谓是赋予了其高贵的特权,容许货币无限制地由其制造。

然而,随之而来的问题是:给定原质金属,1重量单位的这种金属可以制造出多少价值单位的货币呢?答案取决于专门的法律规

---

[1] 原始物质。

定,我们将其称作物质性规范(hylogenic norm)。

给定原质金属和价值单位,该规范规定了每 1 价值单位的货币由多少重量单位的原质金属制成,例如 1 英镑货币由 40/1 869 磅金衡制标准黄金铸造而成。

给定原质金属和重量单位,该规范规定了多少价值单位的货币由此原质金属制成,例如由 1 磅金衡制标准黄金铸造成 1 869/40 英镑货币。这两种规则皆可。

该"规范"是货币金属主义者忽视的一个概念,而对于货币国定主义者而言,它却是理解物质性货币的关键。

至于自主性货币,则不存在"规范"这一概念,因为在此情况下并没有原质金属,纵使自主性货币圆片是由金属制成的。

该规范与铸造标准无关,因为它并非铸造硬币的问题。它只是规定原质金属可以无限制地转化为货币,以及按照规定的效力,1 重量单位将制造出给定数量价值单位的货币。

在 1871 年之前的德国,银是原质金属,该规范规定由 1 磅银铸造成 30 泰勒银币。

如今金是原质金属,该规范规定由 1 磅金铸造成 1 395 马克金币。在这两种情况下,生产均是没有限制的,这正是原质金属概念的本质。

铸币——物质性货币最常见和最重要的例子——意味着存在原质金属及其规范,并且该规范还有确切的时间。这于是向我们所寻求的概念注入了时间条件。因此,如果这种金属通过铸造转化为货币,并且如果该铸造物具有这样一种效力,其相对含量符合物质性规范,那么在这种情况下它们便是铸币。

有鉴于此,国家需要制定以下三个准则:

(1)硬币(详加描述的)由某一指定的金属按照特定的绝对含

量(absolute content)来制造。这是铸造标准。

（2）这些硬币每一个都必须值若干数量的价值单位。价值单位要么是之前存在的，要么是新指定的。在后一种情况下，它是参照之前的价值单位历史地界定的。这赋予了其绝对效力(absolute validity)。相对含量紧跟着该规定产生，其倒数表达式——相对效力也相应产生。但该硬币是否是货币（铸币）还仍未确定。

（3）最后，它规定所指定的金属是否可以无限制地转化为货币。如果有限制，那么这些硬币就不是铸币。如果没有限制，则会规定一定重量限额的金属将转化为多少数量的价值单位。

这就是物质性规范，那些其相对含量符合这种规范的硬币才是铸币。

然而，如果某种硬币依据之前的规范是铸币，并且其相对含量不少于新规范所规定的含量，那么它们现在依然可以被认为是货币（铸币）。

显而易见，在铸币的界定中，铸造标准并不重要；重要的是，该物体的相对含量必须与物质性规范有上述关系。

所有仅依靠铸造标准来界定铸币的企图都将是完全徒劳的，除了对于那些将该物体构成视作其效力根源的人，即货币金属主义者。他们具有更简单界定铸币的优势，但却无法构想出自主性货币，因而也就无法界定它。他们并没有普遍适用的货币概念。

货币国定主义者恰恰试图寻求这么一个概念，因而能够赋予铸币并非那么简单的定义，但从其自身的定义可推断出：自1871年以来，泰勒不再是铸币，因为银不再是原质金属；出于同样的原因，德意志帝国的银币(5马克、2马克、1马克、半马克)也不是铸币。铜币和镍币同样不是，因为铜和镍也不是原质金属。

在1871年以前，泰勒是铸币，因为银是原质金属，并且泰勒的相对含量符合物质性规范；而银币格罗申（groschen）却不是铸币，因为尽管它是银币，但其相对含量却少于泰勒。

1871年以前，在德国南部，基尔德是铸币。除了它们，同时流通的还有皇冠泰勒（crown thalers）——来自奥地利低地的一种不再铸造的银币。那么皇冠泰勒是铸币吗？

是铸币，因为这种泰勒是否还被铸造并不重要，重要的是银是否为原质的，即是否可以无限制地转变为货币。并且，皇冠泰勒的相对含量也符合将银转变为货币的规范。它具有同基尔德一样的相对含量，因而符合当时的规范。因此，皇冠泰勒在当时是铸币。

1871年，在德国北部有两种泰勒：1857年前旧铸造的与之后新铸造的。

旧泰勒具有更高的相对含量，由当时的重量单位"纯银马克"（mark fine）铸造出14枚。这与新泰勒的相对含量不完全一致——由"纯银磅"（pound fine）铸造出30枚。

这种比较复杂的情况，对于货币国定论而言并不难解释，但却令货币金属论疑惑不解，因为一个重的泰勒怎么可能与一个轻的泰勒价值一样呢？然而对于我们而言，"效力"这一概念与其构成无关。该金属即便在规范更改之后也依然是原质的。在英格兰银作为原质金属的几个世纪中，规范经历了持续的变更，一直到伊丽莎白女王时代——越来越多的便士（pence）从既定重量单位的原质金属中铸造出来。只要这种变更一直向使新的同面额的便士变得越来越轻这个方向发展，旧的便士就会一直是铸币（尽管精明的商人没有用它们进行支付），因为它们依然满足该定义的条件，即它们的相对含量依旧符合规范，只要它并不少于之后新的规范所规定的。

现在如果规范在历史上朝相反的方向发生变化，如果旧有的硬币的相对含量少于之后的规范所规定的含量，那么它们将不再是铸币，尽管它依然是货币，并继续拥有同等的效力。

在现代，就同一原质金属而言，规范的变化没有那么频繁，故而相比于旧的货币，对于新的货币的发展进行铸币界定要更加容易。

非常有必要为铸币取一个国际名称。我们将其称作正统型的（orthotypic），以表明该货币的相对含量对应于其铸币规范["符合规范的、正统的"（ortho-）]。而非铸币的货币种类可被称为"不符合规范的"（notal）或反正统型（paratypic）货币，以表明它是与规范相悖的["相反的"（para）]。

之前我们已尝试阐述正统型货币与反正统型货币之间的差异，但鉴于铸币要以"票券属性"和"原质金属"概念为先决条件，而这两个概念都是全新的，因而反正统型货币也就无法界定。

信用货币有时被拿来与铸币进行对比，其源自这么一种错误的看法，即认为反正统型货币确切来说可以兑换为铸币，但事实却并非总是如此。

同样错误的是，认为反正统型货币不可能提供"真实的"满足。该货币可能是由，也可能不是由毫无价值的材质构成的。例如，如果银依然是非原质的，但它在伦敦的价格却重新升至1871年的水平，那么我们的泰勒尽管是反正统型的，但却依然能够提供"真实的"满足，只是这种满足不是原质上的。

铸币的根本思想在于，它须是票券式支付手段，但却具有最低限度的原质性含量。显然这是介于清楚意识到的物质主义与朦胧感觉到的票券主义之间的事物。原质含量是持有者所持有的保障之物，(1)以用来防范票券属性在国家及其法律消亡情况下不复存在；(2)更重要的是为了在对外贸易中在国外使用。

至于原质性货币，我们并不要求只应有一种金属被国家认可为是原质的，可以不止一种金属处于这样的地位，例如复本位制情况下的金和银；并且可以有不同种类的铸币，例如金铸币和银铸币。

几乎所有人都认为，价值单位的定义内含在物质性规范当中，这是货币金属论的本质，因而德国的价值单位或马克会定义为1/1 395磅纯金。

那么如果像1803年之后的法国，有两种金属被认定为是原质的，因而有两套物质性规范，那么该怎么办呢？哪一种界定了价值单位呢？法郎是等于1/200公斤9/10成色的白银，还是等于1/3 100公斤9/10成色的黄金？单金属本位制主义者回答道，这正是复金属本位制主义不合逻辑的原因。这两种定义，必须只能取其一。

复金属本位制主义者反驳道，这两种定义均可供选择：有时一种定义适用，有时另一种适用，故并不存在逻辑矛盾。争论双方没有一方是正确的，因为物质性规范并非价值单位的定义。可以存在没有原质金属，因而没有物质性规范的货币，但却不可能存在没有价值单位的货币。

立法者自己可能会认为，当在规定物质性规范的时候是在界定价值单位，但他只是在制定法律时才具有决定性话语权；当涉及单位的界定时，立法者的权力便结束了，而理论家则开始登场了。众所周知，价值单位是历史地界定的，并且与物质性规范没有任何关系，因为它先于规范产生。

正如"物质性货币"包含"铸币"这个子类一样，"自主性货币"则包含具有实际重大意义的、被非常含糊地称作"纯粹的纸币"这个子类。正如铸币被普遍尊重一样，纸币则被普遍蔑视。

由于在我们的质地分类中凭证通常由纸张构成，因而真正意义上的纸币属于凭证这一类,但这或许并不是一个很好的定义,因为有些凭证并不是纯粹的纸币,并且最后这一点还无法从质地上来界定,而只能从谱系上来定义,正如铸币那样。

一种货币,当它并非依靠一种原质金属转变而成,也没有铸币规范,而是在无须原质金属的情况下依靠法令来获得其效力时,便是自主性的。

但是,这并非就排除对金属圆片的使用,正如我们以上在谈及旧银币格罗申所见到的。它们是硬币,并且还是银币,但却属于自主性货币一类。

因而对于自主性货币而言,硬币形式是可行的;但票据形式同样是容许的,这将我们引向"真正的"(proper)纸币。它是纸质的(papyroplatic)自主性货币。

我们这里讨论的并非可兑换性或不可兑换性,而只是其谱系——非原质上的起源——以及票据的纸质构成。当这二者结合在一起,我们便有了谱系意义上的纯粹的纸币,这一事实在"自主性纸币"这个系统性的名称中得到了明确的阐释。

因而在这种情况下,没有原质金属被用来作为货币的基础——既没有将其用来铸造,也没有将其用作国家创造货币所保有的储备。

到目前为止,最重要的货币种类是铸币与自主性纸币。

货币必须首先被划分为"物质性货币"与"自主性货币"两大类。然后"物质性货币"被细分为"正统性货币"与"非正统型货币"两个子类,"自主性货币"被细分为"金属质(metalloplatic)货币"与"纸质货币"两个子类。

它们之间的联系如下表所示。

货币			
物质性的		自主性的	
正统型的	非正统型的	金属质的	非金属质的
(1) 铸币，正统型货币	(2)	(3)	(4) 自主性纸币

鉴于铸币(1)与其他种类货币之间的差别的重要性，我们将(2)、(3)和(4)类货币列入"反正统型"这一名称之下。反正统型这类货币没有统一的材质。它们所具有的唯一共同之处在于，它们都不是铸币。

当要求必须交付原质金属给国家来创造货币时，上表中的物质性的反正统型货币(2)便产生了。国家接下来依照规范发行对应于此的货币，但却不是以正统型铸造的方式，而是比如通过发行凭证。如果在德国每交付 1 磅黄金换取 1 395 马克[国库券(Kassenscheine)][1]凭证，那么这些国库券货币就不是物质性的[2]，而是反正统型的，并且还是纸质的。从技术上看，它们无法与纸币区分开来，但是在谱系上，它们与自主性纸币之间的区别却是显而易见的，因为它们是物质性纸币，不会像自主性纸币那样遭受冷待和蔑视。

然而，纸质这类货币只是作为一个例子而被提及。也有可能发生的是，每交付 1 磅黄金或许仍像以前一样按 1 395 马克来计付，但是其金额却可能是以泰勒来支付。在这种情况下，泰勒将是物质性的，确切来说是金性的（chrysogenic）货币，但它们却是银质的（argyroplatic），因而不是正统型货币，因为黄金依然是我们的原质金属，而泰勒是由白银构成的。这样一种形式对货币金属主义者而

---

[1] 偿付局(国库局)凭证或票券。
[2] 根据上下文，"不是物质性的"疑为"不是正统型的"。——中文译者注

言是不可思议的,但对货币国定主义者而言却是浅显易懂的。在荷兰,尽管这种制度并未在实际的法令中予以规定,但荷兰银币基尔德却几近是金性的银质货币。

这非常清楚地显示出质地视角与谱系视角之间的差异,因为任何考虑白银圆片的人,绝对不会发现货币与原质金属黄金之间的联系。

自主性金属质货币(3)被广泛使用。在德国自1871年以来,它最初只包括泰勒,然后包括帝国铸造的所有银币,最后还包括所有镍币和铜币。

泰勒是当时的(1905年)通货,而其他我们所提及的硬币则是零钱,我们会在后文讨论这一事实。重要的不是它们的差异,而是它们的共性——它们如今皆非源自原质金属,尽管它们全都以硬币的形式存在。这便是为何许多作者,例如甚至班贝格尔,都倾向于将泰勒称作一种零钱的原因,它反映了源自正确感觉的术语上的不便,预感到了这种硬币的自主性本质。

甚至在更早些时候的(1871年以前)德国货币体系中,铜币也属于这种情况,而我们之前曾论及的银币格罗申(第64页[1])也同样如此。

显而易见的是,尽管自主性金属质货币很早便产生,并广泛流通,但却从未在货币体系中被正确地归类,因为尚未提出"原质金属"这一概念。

如果我们回到第43页,便很容易给出一个有关支付手段的一般性谱系分类,其中共包含六大类,即除了四类货币之外,还有两类

---

[1] 书中正文所提及的页码,均系英文原著中的页码,即本书中译本的边码。——中文译者注

并非货币的支付手段（见下表所示）。

支付手段					
称量式的		票券式的，即货币			
不具有特定形态的	具有特定形态的	物质性的		自主性的	
		正统型的	非正统型的	金属质的	非金属质的
I	II	(1) III	(2) IV	(3) V	(4) VI

I、II、III 和 IV 是物质性的，V 和 VI 是自主性的。

I 是不具有特定形态的。II、III、IV、V 和 VI 是具有特定形态的。

II 通常是金属质的，而 III 和 V 必定是金属质的。对于 I 而言，质地属性并无必要，故而它并不是金属质的。

VI 并非金属质的，因为这是分类依据所要求的。

至于 IV，它是否是金属质的并不确定，为了避免进一步的细分，两种形式均有可能。

我们应当注意，金属材质是一个要比原质材质（hyloplatic）更为宽泛的概念。

这个分类并非实用主义的（pragmatic），即它并没有给出任何特定国家的规则，也未规定在任何特定时期什么金属是原质的。

经常发生的情况是，国家自身并不明白支付手段的本质，并制定前后矛盾的法令。我们在票券式体系施行很久之后，还可以发现重新陷入称量式体系的痕迹。

其中便包括有关"最少通行重量"（least current weight）的条例规定。在德意志帝国，对于所有反正统型硬币，最少通行重量被予以废除。无论其重量减少多少，泰勒都总是值 3 马克，只要它们依然可辨识；对于德意志帝国的银币、铜币和镍币而言，情况也同样如此。在国家票券式货币体系下，这是完全正确的，其中货币的效力与其构成无关。但是，对于正统型货币（金币）而言，最少通行重量却得到了保留。如果这些货币的重量流失超过½%，它们在私人流通中便不再有效。

最少通行重量故而是规定重量的99½%。这完全没有必要重新回到称量式体系。如果票券式体系是为了废除称重，那么这个再次召来称重器具的条例意义又何在呢？

显然它是确保在任何情况下为私人提供"真实的"满足，即使是在那么小的程度上。但是该规定完全是多余的，因为在德国，国家完全正确地依然接受那些哪怕是磨损非常严重的货币，仿佛它们足重一样，即依照其依靠法令所确定的效力。

无疑，它可用来防止流通中的正统型货币过度磨损，可用来保持这些货币易于辨识，并且对于我们之后要讨论的比价安排也十分重要。

但是，所有这些均可以在不向私人规定最少通行重量的情况下轻而易举地实现，该规定只是妨碍了对这些货币毫不犹豫的接受。

许多国家，例如法国，很久之前便废除了这一规定，甚至针对正统型货币也是如此。

我们无意于主张磨损应被容许不受任何阻碍和限制地继续进行，如同在古代一样，当货币的薄度变得简直不能忍受时，便予以重新铸造。这是重大的过失；但并不能证明针对私人的最少通行重量便是正当的。

假定货币由于磨损得非常薄而突然被重新铸造，旧的硬币必须予以回收来换取新的硬币。那么在这种情况下，国家既可以按照重量也可以按照法令所确定的效力来回收旧的硬币。从财政的角度来看，前一种方法对于国家而言更为有利可图，因为重量的损失落在了持有者的身上,而不论他是谁。后一种方法则使国家蒙受了损失,它们由纳税人分担。

谁承担了该损失这一问题值得思量,但它却属于财政政策领域。从支付学的(lytrological)视角出发,产生了另一个问题:指导原则是什么?如果国家按重量来回收,那么它将货币视作称量式的。而如果它依照法令所确定的效力来回收,那么它的行为便是前后一致的,因为出于利弊权衡,先是从某一角度,然后又从另一角度来考虑货币,这种做法是不允许的。

如果国家总是能够清楚地明白这些原理,就不可能会出现按照重量来回收货币。但是国家对此却认识不清,出于更有利可图的算计,有时倾向于一种观点,有时又偏向另一种,以至于在货币金属主义与货币国定主义观点之间摇摆不定。甚至国王在接受货币时是货币金属主义者,在发行货币时却是货币国定主义者。

另一种思想模糊不清在1871年前的德国南部盛行。从白银是原质金属这一事实,人们得出外国银币被径直认可为货币这一结论。所需要的只是确定其效力,以便该货币的相对含量符合原质规范。如此一来,令人尴尬的是,其效力根据习惯产生,国家追溯性地予以承认。这种做法当然与货币国定论并不矛盾,因为外国硬币一旦被辨识出便依靠法令生效,只要法律同意,外国印记本身便不成为障碍。但是国家却丧失了使其货币易于辨识的所有权力,并且各种各样货币的复杂性还妨碍了监督和控制。

物质性规范的确意味着外国银币可兑换为本国银币,但却不一定非要随意确认这些货币的效力。

如果外国硬币只有当它们在国外失去充当货币的属性之后才被予以承认,那么该做法便相对可以忍受。但如果它们在国外依旧是货币,那么该货币便获得了我们在"共货币国定主义"(synchartism)

这一名称之下所认识到的独特的双重身份；它们受制于两套法律制度的管辖——一方面是生产该货币的国家法律，另一方面是认可该货币的国家法律。这种安排有时是有意的；但是如果它是无意发生的——更不用说是由于疏忽——那么就是应当予以反对的，因为国家因此丧失了对其货币的部分控制。

愚蠢之极点发生在德国南部1871年以来当白银失去其原质金属地位之后。当时奥地利银币基尔德被允许作为两马克货币进行流通，令人欣喜的是，它比帝国的银币包含更多的白银。但这里却忽视了这样一个事实，即之前认可外国银币无论如何都是基于白银的原质属性，而它们的重新铸造却被愚蠢地加以无视。

而1871年之后，这个理由已不再成立；但按照旧有的习惯，银币依然被准许进入德国南部以两马克货币进行流通，而帝国法律却绝对禁止了两马克银币的自由铸造。倘若这种滥用持续更长时间，帝国将会完全失去对其反正统型银币的控制，而其基本原则却在于保持这种控制。德国公众继续在持有白银依旧是原质的信念下怡然度日。

在我们的货币这种如此复杂的事务上参照习惯法，简直荒谬至极，那样的时期早已过去。1871年后德国南部奥地利银币基尔德的侵入，是其最后的（短暂的）成功。自那段时期之后，这种法律不一致的源头已被幸运地切断。

第五节　货币与金属之间的比价关系

控制货币——更广泛来说，支付控制——有时其目的在于给某个金属确定一个固定的价格，而这需要依靠特殊的举措来实现，我们将把这些措施称作是原质比价的（hylodromic）。所有这种控制行为，只要是为了实现这一目的，我们就将其简称为原质比价管理（hylodromy）。（i）只有原质金属才能经受这种价格规制。这解释了这个新的单词的前一部分。

（ii）至于后一部分，某些价格通常被称作"现行"价格；为了发明一个更加合适的形容词，我们利用希腊单词"dromos"——一种武断但却可行的做法。对于我们而言，原质比价管理故而指的是有意确定原质金属的价格，或者更准确地说，有意限定原质金属的价格，既包括其上限也包括其下限。我们现在必须详细描述这种特殊的支付控制。

有一种支付手段，它能够自动地，依照定义（ex definitione）——即作为该体系概念自然而然的结果——就能实现这个目标。它们便是不具有特定形态的称量式支付手段，我们称之为物质主义的，或者更具体些，金属主义的（参见第43页表中第I种）。

如果一种金属被公开宣布为原质的，并被用作按照重量使用的支付手段，而且没有规定任何形态，那么对于这种金属而言，就不会出现任何价格波动。相同重量的这种金属之间是可以彼此互换的，这是不言而喻的。如果"磅"是重量单位，那么所有其他1磅的这种金属都同样值1磅，因而具有固定价格。这无须行政干预。原质比价管理已然隐含于其概念之中。

然而，对于其他所有支付形式，就不再是这种情况了。这一事实经常被忽视，因而需要进行专门考察。

让我们假设支付手段是具有特定形态的依靠称重的形式（第43页表中第II种）。该支付手段于是具有规定的形态，并以硬币出现，但却按重量来支付。

原质金属因而具有价格上限。

例如，没有人为了1磅银而支付多于1磅银；他手中持有它是作为支付手段，否则就别想购买。但是原质金属却尚无任何其他的价格限制。1磅条块形态的支付手段或许很可能要比1磅特定形状的支付手段更加便宜（我们的假定），而不论其材质的特性如何，比如如果一些奇形怪状的金属突然被投入市场。从经济学观点来看，支付手段必须具备某种形状或形态这一条件赋予了其独特特征。

由于一个金杯与同等重量的一条金块有所不同，因而一枚金币也与同等重量的一条金块有所不同。

要想原质金属具有价格下限，仅需采取一种措施即可：支付管理机构必须宣布，所有市面上的金块均可直接转变为所规定的硬币形式。造币厂必须接受所有提供的金属进行铸造。我们将这种措施称作原质托住（hylolepsy）。

这并未包含在原质金属本身的概念之中。一种金属，当它可以无限制地转变为支付手段时便是原质的。这是许可而不是强制。而原质托住则意味着强制。

原质托住是一种为了使我们的原质金属（在我们此处正在讨论的货币体系中）具有价格下限而必须附加的一种管控。

上述这两种支付手段形式都尚未成为货币。

转向货币形式，首先考虑货币的铸币形式，我们发现原质金属既没有价格上限也没有价格下限。原质金属没有价格下限是因为，投向市场的金属作为金块可能很容易要比物质性规范更便宜地出售。但在这种情况下，原质金属也只是意味着可以无限制地转变为铸币的金属——一种许可，而这里特别需要强制。

为了获得下限，我们在此必须采取我们所称的原质托住的强制，它无异于通常所称的"自由铸造"。

强制落在了支付管理机构的身上，而"自由"意味着金属的所有者有权提供任何他想要的数量来用于铸造。一旦引入原质托住，原质金属便至少具有了价格下限，因为管理机构被迫依照支付规范来予以接受。金块的所有者在面对这样一个购买者时，便无须接受一个更低的价格。

这就是为何德国金币1磅不会降至1 392马克以下的众所周知的原因，因为在此价格水平管理机构会予以接受。

但另一方面，在铸币货币形式下，原质金属却也不自动具有价格上限。

因为该体系没有哪一部分要求货币应当始终是足重的。它们不断地在磨损中减少重量，但却依然是铸币并保持其效力。足重并非铸币定义当中的一部分。

要想原质金属获得价格上限，我们首先就必须特别规定，应当通过回收轻的铸币而使铸币物始终保持足重。该条件的满足，于是赋予了原质金属既包含价格上限也具有价格下限之属性。

在德国，金币一旦失去了其规定重量的0.5%，就会立即从流通中被回收。这为我们的原质金属确定了价格上限，因为现在可以确定的是，一个至少持有1 395马克，最多持有1 400马克的人，事实上拥有的是1磅纯金。

因此，"最少通行重量"对于铸币而言是一种特殊条款，它规定了1 395—1 400马克的所有者将拥有1磅纯金，因为支付管理机构向他保证，并使其明了。我们因而将这种管控通称为原质展现（hylophantism），因为该词指的是"将原质金属展示出来"。这并非直接通过"最少通行重量"产生；但它的存在却有助于原质展现。原质展现是原质托住的对应举措。

这两种措施（原质托住和原质展现），一起为原质金属确立了固定的价格限制，并且对于铸币而言尤为必要，因为如果没有它们的话，即使是铸币形式，也不具有固定的价格限制。

支付管理机构的原质比价管理行为，故而是原质托住和原质展现这两种措施的结合。

我们刚刚所讨论的铸币的情况，不仅适用于我们在表（第70页）中所称的物质性正统型货币，而且也适用于物质性反正统型货币［即第73页，第Ⅳ类支付手段，第（2）种货币］。原质比价管理并不仅仅限于铸币这一货币形式，而是同样用于物质性（货币）形式这种更为广泛的概念。

假设我们发现了这样一种安排，其中原质金属按照规范转变为货币，但不是通过铸造，所以国家保存这种金属并发行对应的票据（参见以上第71页）。那么该货币便依旧是物质性的，只不过现在是反正统型的。要想原质金属具有固定价格，就必须规定（1）所有提供的原质金属必须以这种方式转变为货币。这是原质托住，其中支付管理机构的确不受铸造这种约束，但却有义务"兑换"。其效果是一样的。

另外还须规定（2）对于交付给支付管理机构的每一数额的票据，必须依照规范换回若干重量单位的原质金属。这是原质展现，但支付却可能是以条块而不是以硬币的形式。[1]原质比价管理可以在没有铸币这一货币形式，甚至在没有任何原质金属铸造的情况下存在。

同时，原质金属的价格会被确定，因为价格上限与下限将会完全重合。

因此我们可以区分出以下三种规范：

（1）物质性规范规定，物质性货币将通过把1重量单位的金属

---

［1］ 正如在金汇兑本位制下一样。——英文译者注

转变为若干价值单位(比如1 395马克)生产出来。

(2) 原质托住规范规定,所提供的每1重量单位的原质金属将被转变为若干价值单位(例如1 392马克)。

(3) 原质展现规范规定,对于若干价值单位(例如1 395—1 400马克),1重量单位的原质金属将是可以换取的。

这三种规范可能一致,也可能不一致。如果它们完全一致,那么便是最严格的原质比价管理。

如果它们不一致,原质金属就不具有固定价格,而只具有固定的价格限制——在物质性货币体系之下原质比价的范围。

我们可以到此打住不再深究;一旦我们实行没有原质金属的货币体系,原质比价管理自然就不复存在,因为原质比价管理意味着某一给定金属可以按照确定的规范转变为货币。如果我们设想下没有了原质金属,那么货币体系并不会因此消失,消失的只有原质比价管理的可能性。所有金属对于支付管理机构而言都将别无二致,银和金会如同现在的锡和铅一样。

没有原质金属的货币体系(自主性体系)这种可能性很容易被忽视,因为非常罕见,但它却实际存在。正如我们所知道的,存在着自主性纸币;并且,虽然存在的几乎总是铸币(因而是物质性货币),但我们却同样可以设想出不存在铸币的情况,正如我们在之后讨论不同种类国家货币的功能性关系时将要看到的。

但是我们却无须仅仅想到纸币。例如让我们想象一下1871年之前德国的不来梅。在那里,外国金币作为货币一直在使用,并没有法律规定黄金金属转变为这些硬币;黄金于是便不是原质金属,虽然它是作为材质使用,这样便不会有原质比价管理。因为即便支付管理机构的原质展现部门近乎完整,其原质托住部门在制定规则限制那些外国金币所容许的磨损方面也是缺失的。

黄金金属因而是不会具有价格下限的。在不来梅，黄金不会有价格下限，而只有价格上限。

这种在任何情况下都算罕见的现象，如果纯粹从质地的视角来思考，是根本无法理解的。事实上，不来梅的黄金货币并不是铸币，因为尽管存在金属圆片，却没有原质金属。

真正严格意义上的原质比价管理实际上并不存在，存在的只是原质比价范围的限定。如今这已向细心的观察者表明，原质比价管理并非像许多人所认为的那样如此不可或缺。实际上，原质比价管理，甚至原质比价范围，也是非常现代的。

原质比价管理如同票券属性一样，皆非有意识的发明的产物，而不过是悄然出现的结果。当具有特定形态的支付手段被创造之时，没有人能预料到它们的基本原理会在多大程度上背离依靠称重的习惯；并且，就物质性货币而言，它在原则上与原质比价管理有多大差异，同样并非一目了然。最开始原质比价管理被下意识地认为是物质性货币所与生俱来的。因为在过去人们一直以为，金属主义（易于理解）依然存在，尽管加入了法令所规定的形状和效力。没有人会想到，这些附加之物却改变了支付构造（lytric constitution）的整个基础。

原质比价管理最初是被应用于正统型货币，因为出于纯粹的财政原因，国王喜欢从铸币税中渔利。因而理想的情况是，所有的原质金属都应当予以铸造，因为原质托住的扣除额归入了国王的金库。这便是之所以规定所有原质金属都必须被予以接受用来铸造的唯一原因。的确，按照这种方式，价格下限在完全无意中被创立了。在法律史上，出于某种目的而进行的安排常常产生出另一种用途，而这种用途之后被描述为那个时候的有意设计。

原质展现很久以后才出现。这种想法只有在正统型货币严重磨损时才会产生:"国王的支付管理机构是否应当宣布自身准备将每个磨损了的硬币替换为足重的硬币呢?"

答案是断然的否定。所有国王都坚决拒绝替换,因为如果替换的话,所有磨损所带来的损失就全落到了财政署(Exchequer)身上。这将会产生一个负的铸币税。为了保护财政署免受这样的损失,便产生了依靠法令确立效力的原则,随之也产生了票券主义。

于是流通中的货币便任由其自行发展。它可以随心所欲地磨损,而国王是一个货币国定主义者。货币的票券属性——这种无上智慧的成就,这种珍贵的国家统治的生命之花——发端于如此低贱之根源,是多么匪夷所思呀!

并且,出于好意的保持硬币足重的企图,总是以失败告终。少量投入流通的新的足重的硬币,无法在磨损严重的货币当中保持如初。这正是物质性规范标准时常降低的原因之一,虽然财政利润无疑也是个中原因。

当货币最终变得如此磨损不堪,以至于无法辨识之时,便决定诉诸大规模重新铸造。而财政署试图通过降低铸币成色,即降低硬币的相对含量来尽量减少损失。在此之后便会出现一段平静的时期。

为避免这种不幸再次发生,国家发明了"最少通行重量",对容许的磨损量设定限制,并以真正的财政部的方式,对私人所持有的大幅磨损的硬币,作为称量式支付手段来予以对待,其中国家仅按照其重量来加以接受。这虽然不合逻辑,但却富有成效。

它便是最初的原质展现做法,因为如今流通中的硬币只能稍微背离物质性规范。

只是到最近,或许最早是在法国,国家才宣布愿意依照法令所确立的公开的效力,接受所有不论其磨损程度如何的正统型货币,而同时自己却恪守绝不将不足重的货币投入流通这一规则。

因此，原质展现便具备了原质比价管理。其无可争辩的公共利益在于货币完美无缺的辨识性。同样千真万确的是，原质金属因而具有了固定价格，至少在制度上(*ex institutione*)是如此。还存在其他意想不到的后果，其中便包含原质比价管理的真正用处。在原质比价管理之下，原质金属再一次成为一种价值尺度，正如在金属主义之下一样，这一论点并非言之成理。原质金属的价格只是在制度上是固定的，而在定义上(*ex definitione*)却并非如此，并且我们的价值单位(马克、卢布、法郎)也并非被界定为一定数量的原质金属；它是历史地界定的，只要我们具有的是国家票券式货币。当原质比价管理被誉为给价值单位的"真正"定义提供了手段时，金属主义难移的秉性便显露无遗。

如果一个人向商人——对于他们而言原质金属是商品——寻求建议，那么他们总是会赞成原质比价管理，因为原质托住为他们带来了最大的便利。让我们在白银是原质金属时站在银商的角度来思考，或者在黄金是原质金属时站在金商的角度来考量。这些金属表现为各种各样成分含量的条块，其结果源自银盘或别的东西或大或小额度的熔化。所有者要么对它们不了解，要么因额度太小以至于不足以向当局就它们请求定夺。收集所有这些商品以转售给原质托住部门的商人，会很容易廉价地将其全部买下(因为正常的固定价格仅存在于批发贸易)；于是他获得了在固定价格水平对它们有保证的市场需求。其利润不论多么微薄，也是确定的。正因如此，金银商在赞美原质托住时，绝对不吝溢美之词。

还存在另外一个支持原质比价管理的论点，这种观点并非仅适用于这种特殊情况，而是适用于一般意义上的原质生成(hylogenesis)。

国家如果严格遵守仅认可物质性货币这一规则，便会在用另一种原质金属取代原来的原质金属时具有某种优势,因为它用新的支付手段替换旧的支付手段。例如让我们假设黄金取代白银成为原质金属。旧的银币被交付给国家,国家提供新的金币来予以交换。国家因而积累了巨量白银,它们如今具有商品而不是支付手段的特征,但却可供出售,并形成大量贷方结余——可逐渐变现。这使得该转变变得更加容易。

但是其中却存在风险。旧的原质金属储备尽管依然是贵金属,但如今却只成了普通商品。获取它们的价格取决于市场行情。贵金属本身并不是价值的载体,而只是在被包裹成物质性货币的时候才看起来如此。原质金属的变更,因而总是存在使国家遭受损失的风险,这种损失只能部分地由储存的商品来弥补。德国在1871年之后正是如此。

千百年来,原质生成,特别是原质比价管理,已显示出不适合创建一个无论何时何地都完美无缺的货币体系。

无论它看起来是多么难以置信,形势却有可能迫使我们取消黄金的原质地位;而这却不一定是因为一国陷入暂时的困境而完全无能为力。

白银的命运永远不可能降临到黄金身上,这一信念如此盛行,因为它给公众人物的黄金宣传提供了如此大力的支持。将白银的命运以及黄金的可靠地位描绘成是源自它们作为金属的本质之必然是多么简单有效。然而,问题却并非在于金属本身,而是在于支付管理。通过我们的支付管理措施,白银失去了其原质地位,因此,在漫长的历史进程中,同样的命运也有可能降临到黄金身上。

更为荒谬的是另一种观点,即认为黄金本身具有固定价值,因而必然仍将继续作为我们的价值尺度,而其他金属则不具有这种稳定性,不值得充当价值尺度。

这种观点简直错误百出。

首先，黄金并不是我们的价值尺度。就此处所指的意义而言，我们并没有价值尺度，因为票券式体系意味着价值单位只是名义上的，即历史地界定的。因而它不可强求如今并非价值尺度的黄金依然充当价值尺度。其含义无异于，我们应当回到黄金金属主义，换言之，即抛弃经济文明最为重要的成就——支付手段的票券主义。

德国以及其邻国的黄金所具有的固定价格，并不是黄金本身的特性，而是原质比价管理的结果。

其价格仅在我们的法律条例效力之所及的我们的国家境内，才是固定的。并且，它在我们境内也仅仅对于我们公民与原质管理机构之间才是如此；而对管理机构自身而言，则并不存在固定的黄金价格。

鉴于如今在我们和黄金之间为它建立了固定价格，我们同样可以为其他任何金属构建固定价格，包括白银，如果这看起来有利可图的话。

第二章　一国国内货币

第六节　货币的功能分类

迄今为止，我们只是根据支付手段的起源来对支付手段进行分类。金属主义阶段一旦被超越，货币便作为一种票券式支付手段出现了。一开始我们论述的是国家发行的货币，并只是顺带提及了不是由国家发行的货币。然后我们从谱系上进一步对货币进行了分类，从而得到了四种货币。

我们并未断言，历史上每一种货币都在某个国家独立地真实存在；我们也并未声称，四种货币当中哪一种最好。我的目的在于力图阐明它们之间有何不同。

一个国家现有的货币在某一特定时间实际上是如何组织的，是一个截然不同的问题。我们将假定您了解原始的货币形式，并研究一国的货币体系在某一特定时间是如何从这些原始形式中发展出来的；因为它们可能一同出现。一个现实中的货币体系，可能一并呈现出各种具有完全不同起源的货币。特别是，物质性货币与自主性货币很有可能一同出现。

如此复杂的货币体系总是要以一系列的规则为前提，它们规范不同种类货币之间的关系。这些规则可能是由当局的法律、法规或指令制定的。

但就我们的目的而言,重要的是国家以这样或那样的方式制定了规则:我们提及那些"政治规则"(regiminal rules)或管理机构的规则,因而只不过是要指出,我们无意于辨别它们彼此之间在法律上的特征,而是仅着眼于它们的实际效果。它们产生了尚未引起人们注意的货币种类的划分,因为每种货币至今仍被视作单独存在。

这些新的划分并非像之前那样是**谱系性**的,而是**功能性**的[1],即它们涉及各种货币按照支付的类型以及按照对其产生影响的法律规则予以使用的不同方式。某种特定类型的货币是否是**强制性**的(obligatory),是否是**最终性**的(definitive),以及最后,它是否是**本位性**的(valuta)?这些均是有待解释的专业术语。

如果我们像货币金属主义者那样,仅承认某类货币,即物质性—正统型货币是合法的,那么我们的任务会更简单;但我们的目的并不在于提出一个简单的理论,而旨在构建一个适切有力的理论。如果国家出于历史的原因具备复杂的货币体系,那么这并非我们的过错。随之便立即产生一个问题:应在何处划定界线?什么构成了一国货币体系的组成部分,什么又不构成呢?我们不能将我们的定义限制得太过狭隘。

我们不能以由国家发行作为货币的标准,因为那样会将极为重要的货币种类排除在外;我指的是银行券(bank notes):它们并非由国家发行,但却构成了一国货币体系的组成部分。我们同样不能将法定货币(legal tender)作为判断的标准,因为在货币体系中经常存在并非法定货币的货币种类(例如在1905年的德国,国库券[2]就

---

[1] 我们问的不是它们如何来到这里,而是当它们来到这里的时候做什么。——英文译者注

[2] 德国帝国国库券(Reichskassenscheine)。

并非法定货币)。

如果我们将国家偿付处所(pay offices)接受用来向其支付的手段作为判断货币的标准,那么我们便最为贴近事实。如此一来,所有能够用来向国家支付的手段,便都构成了货币体系的一部分。以此为基准,具有决定性的并不是发行,而是我们所称的接受(acceptation)。国家接受与否界定了货币体系。"国家接受"(state acceptation)这个词指的是仅被国家偿付处所接受,其中国家是接受者。

然而,由于并非所有的国家偿付处所都重要,例如它甚至包括国家铁路售票处,因而我们所指的仅仅是那些大型的国家偿付处所,特别是那些在国家的指导下参与支付管理的处所。例如在德国,大部分支付管理权掌握在德国国家银行[1](Reichsbank)(该机构的确切性质无关紧要)手中,并且,对于这家远未成为纯粹的私人银行的国家银行,特别精确地制定了行政法规。

实现我们货币功能分类目标的最简单的方法是,区分国家是否参与支付,如果参与的话,是以何种方式参与的。涉及国家参与的支付——要么作为给予者,要么作为接受者——将被称作中央的(centric)支付,因为国家在其中作为一个中心,支付业务的指令由此传播开来。对于不涉及国家参与的支付——国家既不是给予者也不是接受者,我们将其称作无中央的(paracentric)支付,这些全都是私人之间的支付。从系统性的观点来看,它们并不像通常所认为的那么重要,因为它们基本上可以说是自我调节的。

中央支付要么是:(1)向国家的支付,即国家作为接受者;我们将其称作指向中央的(epicentric)支付。

接受指向中央的支付的支付手段,指的是我们已经提及的国家

---

[1] 德意志帝国银行。

接受。

中央支付要么则是:(2)由国家所做的支付,我们将其称作由中央向外的(apocentric)支付。它们在功能分类中最重要,但非常奇怪的是,迄今为止对于它们的研究居然如此之少,以至于它们都没有名称。

因此,我们便有了以下分类:

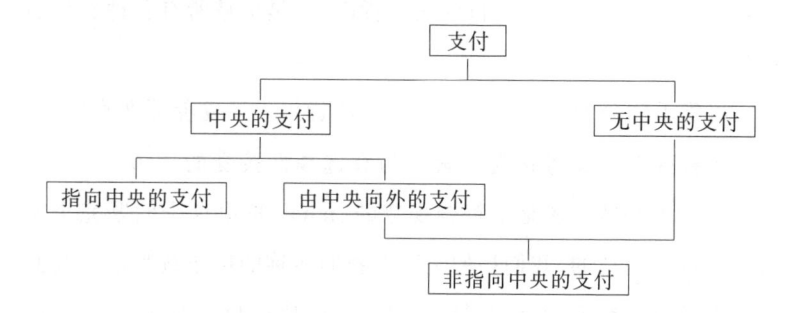

```
                        支付
                ┌────────┴────────┐
            中央的支付          无中央的支付
          ┌─────┴─────┐
    指向中央的支付   由中央向外的支付
                          │
                    非指向中央的支付
```

借助这些特征,我们便能够很容易地阐明规范一国国内货币体系的功能性规则。

最为常见的货币功能分类,在于它是否是法定货币。这无疑仅涉及那些并非指向中央的支付,因为我们已经将有义务在指向中央的支付中接受作为判断国家货币的标准。当将这种接受的义务增加至非指向中央的(anepicentric)支付时,货币便成了通用的法定货币。在这种情况下,我们将此货币称作强制性的;但如果对非指向中央的支付而言它并非法定货币的话,便需要接受者的同意,那么该货币就是许可性的(facultative)。

其中我们隐含地假设待支付的金额不少于所交付的货币的价值。因为在法律上,支付者总是有义务获得恰好与支付金额相等的货币数目来支付。而接受者则从来就没有义务找零钱,尽管他经常自愿这么做。

在德国，金币在1905年是强制性货币，但银币泰勒同样如此，因为在法律上人们有义务接受它们。这并不意味着金币与银币二者之间就不存在功能性差异，只是它们在法定义务接受上没有差别，因为它们在1905年都是强制性货币。

在奥地利，自1857年以来，银币基尔德就是强制性货币，但从1866年开始，国家纸币（State notes）甚至银行券都是法定货币，因为它们是非指向中央的支付的法定货币，于是也是所有各种支付的法定货币。

将货币细分为强制性货币与许可性货币——或者更准确地说，细分为接受者有义务接受的货币与有选择性接受的货币——这个分类与考虑是铸币还是不符合规范的（notal）货币这个问题完全无关。不符合规范的，我们指的是以上我们所称的反正统型的。我们的泰勒是反正统型的，但却是强制性货币；奥地利纸币，顾名思义也是反正统型的，但同样是强制性货币。我们以上所讨论的其他货币分类同样是如此，它们均与此处的问题毫不相干。

某种货币是强制性的还是许可性的，这个问题取决于支付的金额。法律划定或确定了一个"临界"金额（critical amount）。例如在德国，按照法律规定，银币对于20马克及以下支付金额是强制性的，而镍币和铜币对于1马克及以下的支付金额是强制性的。对于超过临界金额的支付，这两种货币则都是许可性的。但重要的是要记住，我们指的是非指向中央的支付（即由中央向外的支付或无中央的支付），因为指向中央的支付可以通过这些种类的货币无限额地完成，这是最基本的要求。如果对于这一规则存在例外，那么它们来自立法者的心不在焉。

我们具有本身是强制性的货币，以及本身是许可性的货币。在德国，国库券（Treasury notes）——并不是非指向中央的支付的法定货币——便属于这一类。最后还有根据非指向中央的支付的金额而定的要么是强制性的要么是许可性的货币。

在德国，其强制性或许可性属性取决于"临界"金额的那种货币，通常被称作"用于找零的货币"[1]（parting-money）或"零钱"（small change），并且，由于我们只有铸造的这种类型的货币，我们讨论的故而是"小面额硬币"（small coin）。我们将采用"零钱"这个流行的术语，将其一以贯之定义为一个功能性概念，虽然本质上没有必要，但在此处却作为惯例使用。有时候零钱包括我们在谱系分类中已然知晓的那类货币，即铸造的自主性货币。任何采取这一术语的人，必然将我们的泰勒看作零钱。然而，为了避免歧义，正如我们所说的，我们一以贯之地规定，我们使用"零钱"是作为一个功能性概念，适用于那类其强制性或许可性属性取决于"临界"金额的货币。在奥地利，存在纸币零钱的例子，因而将它们称作小面值"硬币"是不充分的。

论及"零钱"之后，我们必须考虑"通货"（current money）这个经常与零钱这一概念相对比的概念。

这是早先不发达货币体系的产物，其中我们回到国家货币体系仅由以下两种货币构成的时期：正统型—物质性货币与金质的—自主性货币。那时没有纸质的—自主性货币；要么是因为它不存在，要么是因为人们不敢承认它构成了国家货币的一部分。

在这样一个简单的货币体系中，金质的—自主性货币通常具备我们所称的零钱所享有的功能性地位，并且由于仅存在另外一种货币，正统型—物质性货币因而便被称作通货，而这种分类在当时是全面无遗的。

---

[1] 找零之用的货币（Scheide-geld）。

但如今,这样一种简单的分类却不再可行,并且,在其所源自的旧有的简单国家货币体系这一基础早已不复存在的情况下,企图依然用这种不成熟的术语来探讨是令人惊讶的。

我们关于强制性货币与许可性货币的分类,充分考虑到临界限额的存在与否,完全适用于当今高度发达的货币体系。如果我们希望使用"通货"这一概念,就必须对其加以了解。就我们的目的而言,最好将通货看作功能性(而非谱系性)的货币种类,正如我们对于零钱所界定的一样。我们将通货定义为本身是强制性的,不受支付金额影响的那种货币。奥地利国家纸币(以及银行券)是通货,英国银行券同样如此。奥地利银币基尔德是通货,英国金币苏弗林同样如此。这不会产生混淆,因为我们将在别处充分介绍余下的迥乎不同的属性。

根据在非指向中央的支付中接受的义务,我们于是得出以下货币的功能分类:

不受支付金额的影响		视支付金额而定	
强制性的	许可性的	强制性的	许可性的
通货	纯粹许可性的货币	零钱	

这一概要性分类表明,我们必须为纯粹许可性的货币留下一个位置,否则就没有国库券的容身之处,因为它既不是零钱,也不是通货。

一个截然不同但却同样属于货币的功能分类,是基于国家所接受的货币的可兑换性(convertibility)。

在一国的货币体系中,必然存在某种与暂时性的(provisional)(可兑换的)货币相对的最终性的(definitive)货币。因而反过来说,一定至少存在一种不可兑换的(inconvertible)货币。如果当这种货币完成支付时,整个交易也宣告彻底完成——首先对于支付者,其次对于接受者,第三对于货币的发行者——那么该货币便是最终性的。支付者不再负有义务,接受者无论是对于支付者,还是对于国家——如果是国家发行的货币——也不再享有权利。

而对暂时性的(可兑换的)货币而言,情况则完全不同。如果支付是通过可兑换的货币完成的,那么虽然接受者的确已对支付者不再享有权利,但是他却依然对货币的发行者享有权利;他可以向发行者要求兑换同样数量的最终性货币。如果国家是发行者,那么国家便仍有义务予以兑换;如果某个机构,比如银行是发行者,那么私人发行者便负有,而且一直负有兑换的义务。

在德国,国库券是由国家发行的,私人没有义务接受它们。如果他接受了,它们便是可兑换的,故而并不是最终性货币。相比之下,我们的金币则是最终性货币。国家没有义务用其他种类的货币来兑换它们。

这样我们便获得了第二种功能分类,它同样与谱系分类毫不相关。我们并不询问货币是否是物质性的,而是探询货币体系当中各种货币之间的相互关系如何。不可兑换的国家纸币——通常出现于奥地利——完全属于最终性货币这一类,但这绝不是为了推荐纸币而加以叙述。我们的泰勒同样会被归为最终性货币,如果仅考虑法律规定的话,但由于在法律实施中泰勒事实上是兑换了的,并且因为我们根据所实施的法律来判断,因而我们的泰勒事实上是可兑换的。

存在两种可兑换性:直接兑换与间接兑换。对于直接兑换而言,偿付处所有义务开展兑换;而如果一种货币可以无限制地用来支付,但却有可能被拒绝用于由中央向外的支付,那么这种货币的兑换便是间接的。如果我们的泰勒被拒绝直接兑换,那么它们便依旧具有间接可兑换性，但在1905年[参见卡尔·赫弗里希（Karl Helfferich）]，这两种兑换却同时存在。

货币的第三种功能分类，产生自由中央向外的支付。它仅涉及最终性货币，而与暂时性（可兑换的）货币无关。可以存在不止一种最终性货币，例如在德国，金币和泰勒一度在法律上均是最终性货币。在法国，金币和5法郎面额的银币均是最终性货币。在这些最终性货币中，哪种用于由中央向外的支付呢？国家采取的原则在于，可以选择它想要的那种。

1892年以前，在奥地利，银币基尔德与国家纸币一样都是最终性货币，由此产生的问题在于，国家应当用哪种货币来支付：众所周知，它没有选择银币基尔德。

如果只有一种最终性货币，那么国家的确可以交付暂时性货币用于由中央向外的支付，但最后它却只能坚持用最终性货币来支付。

由此产生了此处所论述的最重要的货币分类。对于那种时刻备妥并能坚持要求用于由中央向外的支付（如果它们超过临界金额）的货币，我们称之为本位性的（valuta）；而对于所有其他类型的货币（无须考虑支付金额），我们称之为辅助性的（accessory）。

抛开零钱这种总是辅助性的货币，我们得到如下分类体系：

强制性接受			许可性接受
最终性货币		暂时性货币	
国家强制施行	非国家强制施行		
本位币	辅币（零钱同样属于此类）		

在德国，国家并未将泰勒当作可以强迫人们在由中央向外的支付中予以接受的货币，尽管在法律上它可以如此。因此，泰勒在德国并非本位币。

在法国（1803—1870年），国家在某些时候手头备有五法郎面额的银币用于其（由中央向外的）支付，并强迫人们予以接受：在这种情况下，它们便是本位币。而在其他时候，国家会对金币实行同样的举措；那样的话，金币便是本位币。不过，这两种货币一直是强制性和最终性的。

因此，摆在我们面前的问题在于，哪一种最终性货币事实上在手头备有以用于由中央向外的支付？它并非法律规定可行的产物，而只是政府选取的结果，对于这种货币，我们使用"本位性的"这一术语来描述。我们到处都可以见到本位货币或主币（standard money）。这一概念同样完全是功能意义上的。本位币既可以是物质性的，也可以是自主性的，在原质比价上既可以是有管理的，也可以是无管理的；但所有这些，从功能性角度而言都无关紧要。

"本位币"（valuta money）概念是最终性货币的一个子类。首先，它必须满足最终有效性这一要求，其次，它必须在手边备用于由中央向外的支付。这后一方面是国家做的事情，属于支付管理机构管控；它并不是从法律规定中推断出来的，而是从有助于决定其行政管理的事实中推知而来。贮存该货币是政治问题，而非司法问题；它通常并非取决于国家的意愿，而是取决于国家的权力。贮存该货币是权力问题，它影响着政治，并因而对行政（administration）具有决定性影响。如果国家根本没有权力去持有高级顾问班子推荐为最佳的那种货币，它便索性不予理会，而只是去持有那种在当时情况下触手可及的货币。

本位币这一概念无法仅仅从议会法案中得出，但它却可以毫不费力地透过行政的视角找到。这是契合事实的唯一解释。吹毛求疵地质问国家自身是否遵守法律，是毫无用处的。国家事实上并不受其法律的约束，受约束的只是其国民：它时不时地自行创造新的权利和义务,以从行政上来应对事实,并有可能随后变更法律来使其与之相对应。我们既不称赞,也不维护这种行为,而只是唤起人们对这一政治经历的事实予以注意。看不到这一事实的人,是无法理解货币史上至关重要的事件的。

在德国,我们的金币是本位币,这既不是因为它们是由黄金构成,也不是因为它们是原质比价管理的,而只是因为国家在进行支付时,愿意在最后用金币支付,并且如果它发现一点都不方便的话,便可坚决拒绝使用接受者可能碰巧需要的任何其他支付手段。然而,虽然其他支付手段——例如泰勒或纸币——十分方便,并且国家也不拒绝用它们来支付,但它却并不强迫人们接受它们,而是时刻准备用金币来支付。

如果白银的价格碰巧与1860年时候的差不多一样高,那么对于国家而言用泰勒支付便会非常不便,它于是会立即拒绝这样做。

在1905年的德国,泰勒是最终性货币,但却不是本位币。我们的金币是本位币,因为它们不仅是最终性的,而且还总是备用于由中央向外的支付。

在奥地利,例如1870年左右,除了银币基尔德,不可兑换的国家纸币也是最终性的。但其中哪种是本位币呢?受形势所迫,国家当时完全不愿用银币基尔德支付。因而在当时,银币基尔德虽然是最终性货币,但却不是本位币;而反观国家纸币,它尽管是纸质—自主性货币,但却是本位币;因为国家持有它们以备用于向外支付。我们会发现银行券同样是本位币。

我们将把那种非本位币称为辅币。一种货币是辅币,首先,如果它并非本位性的话,那么便可以被拒绝接受;其次,如果它是强制性的,但却同时是可兑换的话,那么它便不是最终性的;最后,如果它是最终性的,那么则未强迫接受者在由中央向外的支付中予以接受。自始至终我们一直讨论的是超过临界限额的支付,因为只有这样的支付才对本位币这一概念十分重要。

我们的国库券是辅币,因为它们是可以兑换的。我们的泰勒,虽然从行政的角度来看是不可兑换的,但只要国家未强迫接受者接受,便依然是辅币。

在1870年左右的奥地利,银币基尔德完全是辅币,因为国家并未持有它们以备用于由中央向外的支付,纵使1857年货币体系想要赋予其以本位币之地位。我们并不关心良好的意图。国家事实上是否准备用银币基尔德来支付呢?在1870年,答案是否定的。基于政治上的原因,银币基尔德事实上已失去了其本位币的地位而成为辅币,无论我们对这一事实感到多么大的遗憾。此处所提出的行政的视角,必须自始至终得到坚持,无论我们有多么不喜欢比如奥地利已经发生的情况。管控并非只是依据法律,而是基于人类权力和政治局势。

这无疑不是司法,而必然遵守某一法令;相反,它是政治,并且货币问题隶属于政治领域。

洞悉本位币的本质最重要,其原因之一在于它对交易产生了重大影响。当国家决定用这种或那种货币来偿付其债务时,这或许看起来似乎只是对其自身的由中央向外的支付问题发声,而其他支付则不受影响。例如,当奥地利财政部宣布它用国家纸币进行支付时,人们可能会认为这并没有影响无中央的私人支付。在私人之间,可支付的债务在当时依然可以被视作用银币基尔德所表示的债务,因为根据1857年的法律,这种货币是本位币,而国家纸币则是在1866年才首次予以发行。这种很大程度上感情用事的观点是完全错误的,因为一旦国家将某种货币(如国家纸币)提升至本位币的地位,它就不可能在其司法权力上要求,私人债务人应当以某种方式偿付他们可以支付的债务,而国家作为债务人却应当以另外一种方式偿付它们的债务。因此,如果国家出于政治需要,宣布自此以后它将以国家纸币用于支付,那么作为法律的源泉,它还必须保证国家纸币满足其他支付的需要。事实上,不仅在指向中央的支付中,而且在无中央的支付中,一旦它们存在纠纷,国家就必须作为法官判决以国家纸币进行的支付是有效的。如果它不这么做,作为法官,它就无异于判决自身的行为无效,从而与其自身相矛盾。

其结果就是,在法律纠纷中,债权人必须接受的支付手段总是由国家确定的本位币。司法判决是一锤定音的。除了友好协商,所有支付最终都必须通过本位币来完成。因此,可以支付的债务总是用本位币来表示,除非在过去,按照协议辅币被当事人所接受。用马克、法郎或卢布所表示的债务,意味着该债务将通过相关国家当时通行的本位币来偿付。

本位币因此就是货币。对于外国评论员而言,一国价值单位的命运便取决于该国支付管理机构的本位币的命运。

法律并不决定什么会成为本位币,它们仅仅是表达了一种美好的愿望,因为相对于其制定者——国家而言,它们是有心无力的;国家在其向外支付中决定了什么是本位币,而法院则照此行事。不是支付法规,而是主权权力规定了由中央向外支付的货币,而支付管理机构则相应地自行进行调整。

正因如此,本位币是整个支付体系(lytric organisation)的枢纽,即便司法不容许这种状况,而是遵从于现行的正式法律。本位币是政治考量的结果,而这正是支付史(lytric history)神秘发展的线索。

一国本位性的支付手段,被称为狭义上的"本位"(standard)。而广义上的"本位",则通常指的是该国整个支付体系(lytric machinery)。

为了探究什么是狭义上的"本位",我们总要询问以下两个问题:哪一种货币是最终性的?以及国家在由中央向外的支付中强迫债权人接受哪一种最终性货币? 112

本位币并不就是通货,因为有些通货并不是最终性的。它也并不就是通行的硬币(current coin),因为这样的话会将纸币排除在外,但却存在纸币本位。它也不可能从以下这一问题出发,即什么金属以原质的方式被使用?因为存在一些没有原质金属的本位。最后,本位也无法从法律中确定,因为国家使用哪一种最终性货币用于由中央向外的支付这一问题,是事实问题,而非法律问题。货币的功能分类,特别是其中最重要的将货币划分为本位币与辅币这种分类,完全与谱系分类无关,特别是与其中的将货币划分为铸币与不符合规范的货币(即非铸币)这一分类毫不相干,因此我们可以声称,辅币可能是铸币,也可能不是铸币,同样,本位币可能是铸币,也可能不是铸币。

对于货币金属主义者而言,他难以意识到铸币可能结果是辅币的,而理解最重要的历史事件却完全有赖于这种认识。我们必须在此处一如既往地将我们的愿望与我们的观察完全保持分离开来。货币金属主义者对铸币满腔热情,即便在它已成为辅币的情况下,也依然从中追寻其后续影响——他仍然忠于他的初恋。

同样,他也无法从心底里意识到本位币有时是不符合规范的货币(即非铸币)。由于他讨厌它,这种不符合规范的货币,在他看来因而一文不值,以至于无法享受这种出众的地位,并被他称为"反常的发展"。 113

然而我们却没有这种偏见。只要我们一直以来都只是在描述——我们遵此道而行——货币既可以从谱系上考量,也可以从功能上审视,如此一来我们便得出彼此互不相关的两种分类。有些铸币,既可以是本位币,也可以是辅币;同样,有些非铸币,既可以是本位币,也可以是辅币。

我们并不否认,本位币是铸币,而辅币是非铸币,这样可能会更好,但这是公众人物,而非理论家所要考虑的。

第七节　复本位制与本位制的类型

为了对不同国家的货币制度进行分类,我们必须从本位币出发,暂且不管辅币。

接下来第一个问题便是,某个国家的本位币是否是铸币? 如果它是铸币,便产生进一步的问题,即原质金属是什么? 以及是否存在完全的原质比价管理?

如果本位币不是铸币,那么便可以问以下问题,即货币是由什么材质构成的?

存在金属材质的和纸质的非铸币货币制度,它们要么有原质比价管理,要么没有。

所谓的纸币制度——最可怕的制度——是没有原质比价管理的纸质的货币制度。

如果本位币仅从谱系上来考虑,那么就不会产生单(金属)本位制(monometallism)与复(金属)本位制(bimetallism)概念。本位币是由国家针对其自身(由中央向外的)支付的行为决定的。为了讨论单本位制与复本位制,我们必须全面考察一国的整个货币体系,以及各种最终性货币。"最终性货币"这一概念,要比"本位币"更为宽泛;所有本位币都是最终性货币,但并非所有最终性货币都是本位币。

如果只有一种最终性货币,并且它是物质性的,那么存在的便是单本位制。最重要的例子在于：只有白银是原质的［银单本位制（monargyrism）］或只有黄金是原质的［金单本位制（monochrysism）］。这并非意味着银单本位制的银币就是本位币，它可能是辅币，只不过除了白银之外没有任何金属是原质的。金单本位制货币同样如此，它既可以用作本位币，也可以用作辅币；不过除了黄金之外，其他金属都不是原质的。

在奥地利自 1857 年以来便有了银单本位制，因为白银是唯一的原质金属；只有白银可以不受任何限制地转化为货币，即银币基尔德。但众所周知，银币在这段时期却不是本位币，它是辅币，因为银行券（后文将讨论）是本位币，并且从 1866 年起，国家纸币也是本位币。因此，银单本位制无法告诉我们任何有关本位的信息，而只是声称只有一种金属即白银是原质的。

众所周知，货币金属主义者未曾充分认识到货币的功能分类，因而未能区分本位币与辅币。

在 1871 年之前的德国，问题较为简单，我们具有的是银单本位制，并且，银单本位制的银币就是本位币。

自 1871 年以后，存在的是金单本位制，同时金单本位制的金币也是本位币（1905 年）。

同样，在英格兰拿破仑战争时期，存在的也是金单本位制。只有黄金可以转变为货币；而白银在 18 世纪已不再是原质的了，因而不能转变为货币。但在当时，金单本位制金币却不是本位币，而是辅币。这种状况完全类似于 1857—1879 年的奥地利，不同之处仅在于黄金与白银作为原质金属互换了位置而已。

如果允许两种原质金属（如黄金和白银）同时存在，那么便有了复本位制。

白银可以无任何限制地转变为最终性货币，黄金同样可以如此。这便是复本位的本质。

由于银性（argyrogenic）和金性（chrysogenic）这两种货币在法律上都是最终性的，因而原则上一种货币就另一种而言是不可兑换的。最终性的银币不能正式地兑换为金币，同样反过来，最终性的金币也不能正式地兑换为银币。这二者彼此之间并无任何功能性关系，它们独立地同时存在。

复本位制无法借助于通货，即通用的法定货币来定义；它同样不能将物质性的通货作为判断的依据，因为这种货币可能可兑换，因而不一定是最终性的。这通常被予以忽视，因为通货通常不会同最终性货币区分开来。众所周知，法国在1803年引入了复本位货币制度，而且拉丁美洲国家也采用了这一制度。诚然，在这些国家白银和黄金通货同时在使用，但问题的本质在于，这些国家拥有银性和金性这两种并存的最终性货币。并且，法国在1876年之后依然具备1803年法律意义上的复本位制，这种说法是不正确的，因为那时白银已不再是原质的了，而只有黄金依然是原质的。复本位制因而已不复存在。自1876年以后，法国具有的是金单本位制的货币制度，除此之外它还拥有五法郎面额的银质货币，它不再是银性货币，而是银质的—自主性货币。

的确，五法郎银币是通用的法定货币，因而是通货，并且它们还依然是最终性的，但是，它们却并非如金币那样，既是最终性的，又是物质性的。

法国作家的确声称复本位制在1876年之后依然持续，但他们对于货币制度所秉持的概念与我们的并不相同；他们抱守一般的"法定货币"这一观念，对"最终性货币"以及"物质属性"一无所知。

另一方面，1803年的复本位——我们意义上的复本位——在德法战争期间并没有发生哪怕是最小程度的中断，因为它是一种原质性现象而非功能性现象。战争期间，银行券成为了本位币，但在此之后，货币还是像以前一样，可以从无论是白银还是黄金中无限制地铸造出来，因而复本位依旧延续。唯一的差别在于，另外一种同样是最终性的自主性货币（银行券）出现在其旁边，并且成了本位币，而复本位的两种货币均成了辅币。

在 1803—1870 年期间——如果我们忽略 1848 年革命的话——情况则更为简单。总是存在属于本位币的物质性货币，它们要么是金币，要么是银币，但这两种货币之间的选择是关乎行政的问题；它并非由法律规定，法律只不过是任由国家来支配这两种物质性货币用于其由中央向外的支付。无论哪种货币被国家选中，都会暂时成为本位币，而另一种则成为辅币。复本位因而并未确定其货币当中某一种货币是否会是本位币，以及哪一种货币将成为本位币，抑或是否可能有第三种货币侵入成为本位币（正如 1870 年的法国）。

众所周知，法国政府在 1803 年到约 1860 年期间选择了银币作为本位币使用，在 1860 年之后则选择了金币，这并没有变更复本位制度，这种制度只是在白银丧失其原质属性的时候才结束。对于促使法国在一个时期将银币当作本位币，在另一个时期又将金币作为本位币的原因，我们并不关心，因为它们产生自支付政策（lytric policy）。至于它们对这两种贵金属相对价格的影响，我们将不在此处考虑。

复本位常常遭受以下指责，即黄金和白银无法同时成为价值尺度——一种奇怪的异议，这种异议只有从金属主义的角度才能予以理解。在任何情况下，复本位这种制度都是票券主义的，而不是称量主义的，尤其不是双金属主义的（bi-autometallistic）；并且，不论是单纯的黄金，还是单纯的白银，都并非用来作为价值尺度。价值单位总是法郎，并且，对于法国国内贸易而言，哪一种货币是本位币完全无关紧要。在某一特定时刻，总是只有一种本位币在使用，而不可能两种同时使用，因此法国从未同时具有金本位和银本位，而是二者必居其一，除非在动荡时期选择了第三种本位形式。

在法国，复本位如此安排，以至于为两种原质金属都提供了原质比价管理；但因这两个原质比价管理无法共存，因而只对当时作为本位币的原质金属才有原质比价管理。其原因显而易见。原质比价管理来自原质托住和原质展现的结合。对于辅币和本位币来说，均可以有原质托住，但原质展现却只能适用于本位币（尽管并不一定有），因为它产生自可无限制获得的货币金属。

法国自 1803 年开始规定：首先，最终性货币可以由白银制成，其次，交付任何数量的白银都可兑换成最终性货币。这便是白银托住（argyrolepsy）。并且，磨损的银币总是会被国家偿付处所回收，这样流通中的银币便总能保持足重。另一方面，这些足重的银币只有在国家将其作为本位币的情况下才可确定无疑地获得，因而白银展现（argyrophantism）只有在银币是本位币期间才存在，也只有在此期间才存在白银比价管理（argyrodromy）。

同样，法国从 1803 年开始还规定，最终性货币可以由黄金制成，而交付任何数量的黄金都可兑换成最终性货币。这便是黄金托住（chrysolepsy）。并且，磨损的金币会被国家回收，这样流通中的金币便总能保持足重。另一方面，这些足重的金币只有在国家将其作为本位币的情况下才可确定无疑地获得（无须货币兑换商的帮助），因而黄金展现（chrysophantism）只有在金币是本位币期间才存在，也只有在此期间才存在黄金比价管理（chrysodromy）。

将二者结合在一起发现，原质托住对于这两种金属均总是存在，但原质展现却只对当时本位币所构成的原质金属才存在。

无论如何,对于当时的本位币,存在完全的原质比价管理,而对当时的辅币而言,则只存在原质托住。

我并非将此视作复本位的必然属性,而只是表明,在以上使用的意义上,它在法国是如此。

当时作为本位币的原质金属,其价格被限制在非常狭小的范围之内。与之不同,当时作为辅币的原质金属,却只有价格下限而没有价格上限。

这一切只适用于一国之内,以及国家支付管理机构的客户,而不适用于支付管理机构自身。

在1870年战争期间,当这两种货币不再是本位币时(银行券取而代之),对于这两种金属而言,则只有原质托住,而没有原质展现。

同样,在单本位的情况下,原质比价管理也只是一种有可能出现的附带现象,而不是一个必要条件。

不同国家的货币制度,可以依据其本位币的谱系、质地和比价性质来加以分类。如果我们采取铸币制度(即物质性正统型构造),那么考察将变得更为简单。如此一来我们便得出以下最为重要的几种类型。

I. 本位币是铸币,那么可以分为:

1. 白银,作为原质金属

这描述了英国从威廉一世(William the Conqueror)到18世纪的货币制度,因为金币[1663年被称作基尼(guineas)]最开始是辅币。银币本位币的物质性规范常常发生改变,相对含量被降低,但这并未触及铸币制度的本质。

从1803年到1860年左右,法国具有与英国相似的货币制度,因为由中央向外的支付是用银币完成的,金币被认可为辅币。

在1871年之前,德国关税同盟(German States of the Customs

Union)也具有与之类似的货币制度。

（a）在英国，白银比价管理未予实施，因为在以前，流通中的银币本位币的足重并未得到维持，如果我们按照当时有效的物质性规范来判断足重的话。因此，存在的银本位是原质和质地意义上的，而并非比价意义上的。

（b）在法国，以及实际上在德国，银本位同时还是比价意义上的。

按照1857年的法律，奥地利在1858年的最后几个月里，同样具有这种货币制度。

2. 黄金，作为原质金属

在18世纪期间——确切日期无法查明——当借助行政行为，由中央向外的支付由基尼来完成时，英国便转向这种货币制度。之前的银币则留作辅币（零钱）。

1860年左右，凭借行政程序使黄金作为由中央向外的支付，法国引入了这种制度。在1870—1871年战争中断之后，金本位重新得到了施行（1876年）；确切地说，白银接下来失去了其原质地位。银币储备成为"不符合规范的"货币，并且还时有金本位出现（当由中央向外的支付由金币来完成时）。

德国从1871年开始准备转向这种制度；在1876年左右，当由中央向外的支付用金币来完成时，这种转变便已告完成。

（a）在英国，黄金比价管理并不完全，只要由中央向外的支付还用磨损的金币来完成。

（b）在法国和德国，有几近完全的黄金比价管理，因为磨损的金币在由中央向外的支付中从来没有出现过。

II. 当本位币是不符合规范的货币时，便产生了截然不同的本位类型。"不符合规范"指的是与铸币相反，它是我们之前所称的反正统型(第 70 页)。

1. 金质货币

在法国 1876 年之后,由中央向外的支付有时用已成为不符合规范的银币(五法郎银锭)来完成。这些是金质但并非铸币的支付。

在荷兰,早已成为不合规范的银币[荷兰盾(Dutch gulden)]似乎被用来作为正式的本位币。本位币因而不是铸币,但却是金质的。

(a)在法国,往常的黄金比价管理被中断,或者至少在黄金的价格限制方面有所改变(由于黄金升水)。

(b)在荷兰,黄金比价管理却间接依靠对外比价管理(exodromic administration)而几乎得以保持。

2. 纸质货币

纸币本位币在英国拿破仑战争期间出现,当时通过暂停铸币支付而使银行券成为本位币;换言之,基尼不再是本位币,但依然作为辅币。法国在 1870—1871 年战争期间同样如此。

在奥地利,从 1859 年年初开始,这种状况便持续了很长一段时间,严格说来一直持续到 1905 年,只要由中央向外的支付无法用(1892 年法律规定的)新的金币来确定无疑地完成。

(a)在英国和法国那段战争期间,原质比价管理完全消失。

(b)但这对于纸币本位币却不一定总是如此,在奥地利,的确黄金比价管理这个所考虑的目标,在紧接 1892 年之后并未达成,但正如在荷兰一样,只过了几年(依靠对外比价管理)便实现了。俄国也同样如此。

我们现在可以区分出以下多达八种本位制度:

| I | 1a | I | 2a | II | 1a | II | 2a |
| I | 1b | I | 2b | II | 1b | II | 2b |

铸币　　　　　　　　　非铸币

其中四种属于铸币制度,其他四种属于非铸币制度。

　　常见的本位制度划分,仅仅源自本位币的质地属性(黄金、白银和纸)的考虑,正如我们所见,这种分类是很不恰当的。并且,在这里我们不应该论及"复本位制"(double standard),因为它描述的是整个货币体系,而并未确定哪一种货币是本位币。同样,"平行本位制"(parallel standard)一词指称的也是整个货币体系,该制度认可一种本位币用于某些交易,并认可另一种本位币用于其他交易,而我们考虑的一直是只有一种货币是本位币的情况。甚至所谓的"跛行本位制"(limping standard)也并未指明我们所指的具体本位,而只是表明整个货币体系的特殊情况。该词表示,本位币是铸币,并且除本位币之外,还允许金质金属货币这种特殊的用于最终性但非本位的支付的货币作为辅币,并一度构成铸币制度的一部分。自从德国具有了金本位之后,泰勒便处于这种地位。在法国采用金本位期间,五法郎银币同样处于这种地位。假如在奥地利金本位已经实施,那么保留下来的银币基尔德就会处于这种辅币的地位。货币体系的这种情况,在向金本位转变期间变得非常突出,但在逻辑上却与金本位无关。回到法国具有银本位的那个时代(1860年前),如果黄金的自由铸造被终止,但金币依然留作最终性货币,那么金币便会成为不合规范的货币,其所处的地位之后让与五法郎银币。如此一来便会有跛行银本位,正如在某些时候有跛行金本位一样。

　　这种跛行的状况还意味着,留作辅币的货币具有负的贴水(agio)(稍后将介绍),因为如果它具有正的贴水的话,就会自动地从流通中消失,而作为商品出售获利。

　　如果由于白银价格的上涨(不太可能),德国的泰勒或法国的五法郎银币因而获得正的贴水,那么的确这些货币将依然是不合规范的,但它们却不再具有负的贴水,跛行状况于是将消失。记住,不合规范的特性常常——但并非在本质上——意味着其内在价值要低于票面价值。不合规范的制度正是铸币制度的反面。正如我们将要看到的,不合规范的辅币是低于价值、等于价值还是高于价值,这是另一个问题,它仅关心与作为货币的价值相比该货币物的金属价值。

在我们的本位制度分类中,我们考虑的只是本位币,而不是整个货币体系,因而不考虑辅币。最初这种分类只着眼于与金属的关系;当这种关系发生改变,本位制度也随之改变。但是这种关系十分复杂。如果存在一种货币金属,即如果本位币是物质性的,那么(正如中世纪的英国)物质性规范就可以改变。这是本位制度的改变,尽管原质金属不变;这种改变因而仅限于规范。

但是也有可能出现从一种原质金属向另一种原质金属的转变,例如从白银转变为黄金,即原质改变;或者原质金属可能被完全舍弃,我们因而转向自主性货币。

同样可以想象的是,原质金属和物质性规范均得到保留,但货币物的构成却发生了改变——材质的改变。例如,要是我们的支付管理机构按照1 395马克无限制地接受1磅黄金,但却只用银币或纸币支付这一对价,它就会出现。

最后,一个完全的原质比价管理,可能在过去并不存在的地方被引入,也可能在过去存在的地方被舍弃;或者,原质金属过去习以为常的价格限制可能会发生改变。所有这些都将是比价变化。

规范的改变,以及原质、质地和比价的改变,可能互不相关,也可能相互交叉。可以想象,原质金属从白银向黄金转变的同时,银币向纸币转变。

我们的货币金属主义理论家几乎总是拘泥于质地这一视角,只有在班贝格尔的研究之后,比价这一视角才被准确地提出,但遗憾的是没有一个恰当的术语。原质关系则被完全忽视。规范的改变引起了最多的关注，因为人们没有意识到我们货币的价值取决于它被（国家）宣布是什么。

对于货币国定论的支持者而言，所有这种讨论不如对于货币金属主义者那么重要，但它仍然可以从揭示历史发展中获取一点启示。

第八节上　银行券

为我们国家所接受的，即允许用于指向中央的支付的支付手段，被假定为是由我们的国家发行的情况通常是如此。但它们也有可能是由外国发行，并经"接受"而被纳入我们的国家支付手段体系。例如，奥地利的泰勒无疑是由外国发行的，但却经认可而被纳入德国的货币体系。

然而，如果我们径直假定由国家发行，我们就不可能发现一种非常普遍的支付手段，即银行券（bank notes），因为不管它们是什么样子，它们都不是由国家发行的，因而无论如何都未被纳入由国家发行的支付手段。

我们的国库券和奥地利国家纸币是由国家发行的，但银行券却是由银行而非国家发行并投入流通的；因此，它们不具备由国家发行的特性。

为了解释这一现象，我们必须首先说明银行是什么。如果一开始我们完全不考虑它与国家之间的关系（通常晚些时候才出现），那么银行就是营利性的私人企业，经营的是严格定义的那种业务。但是，由于其活动无疑还同时有益于公众，因而国家虽然予以限制和监督，但却竭力给予强大支持。

此处我们对银行感兴趣的地方，基本上局限于其所谓的贴现（discount）业务和伦巴第（lombard）[或贷款（lending）]业务；它们还开展转账（giro）[或流通（circulation）]业务，并代表客户购买和出售政府证券。作为贴现和放贷行业的银行业，以有人愿意以动产作为抵押获得贷款为前提。一些商品、一些有价证券（如国债）被允许作为抵押品。

在这种所谓的伦巴第（放贷）业务中，银行自然需要对其贷款收取利息，并且，如果它们没有在适当的时候被偿还，那么银行则通过变卖抵押品来自行偿还。在专家的管理下，贷款十分安全，而且盈利可观。经营几乎任何业务的人，都有可能发现自己面临需要临时贷款的情况。

银行业务进一步涉及所谓的"汇票"（bills of exchange）。汇票的确切性质属于商业法律问题。汇票是一种法律赋予特权的债务担保。如果不存在例外说明的话，它用本位性支付手段的单位来表示。某人有义务在指定日期支付该证券票面上标明的金额：一开始向被称为债权人的当事人支付，但后来向其他所有被原来的债权人按特定方式转让权利的人支付。该汇票构成了银行贴现业务的基础，具体如下：

开出汇票的债权人，如果他想立刻获取别人所欠现款——尽管该债款在将来才能获得偿付——就可以将该票据转让给银行，银行可以接管他的权利，并立即支付他票款——当然按一定的折扣。银行这么做，就是通过贴现赚取若干收益，并在到期时收回原本归于开票人的全部款项。这样银行便完成了汇票贴现。该业务十分安全，因为债务人的偿债能力自然在一开始便确定了。

以上概述——让我们回想起熟知的事实——或许足以表明我们所讨论的银行究竟是什么。它们那极其重要且责任重大的业务

131　（它们的良好运营是所有文明国家的骄傲），之所以看起来那么神秘，只是因为它的专业术语令公众一头雾水，它所处理的巨额资金令百姓匪夷所思。本质上，它们经营的是抵押和放贷，如果这些业务小规模地开展，那么它们也就没有什么可神秘的了。

　　一家银行——如我们所描述的——显然只有在它拥有一定数量国家发行的货币储备的情况下才能开办。然而，鉴于贷款和贴现的利率并非很高，我们银行的利润尽管稳定可靠，但与投入的资本相比起来并不高。提高利润的一种方式便在于发行银行券。银行创造银行券，并用它们向客户支付。发行银行券并不是银行连同其他业务开展的一项特殊业务，而是银行力图进行支付的一种特殊方式，它们本身产生自其一般业务。银行设法用它自己的银行券而不是国家发行的货币来支付，因为这样它能够以相对较小的资本获取更大的利润。

　　但是银行券是什么呢？一般的定义为：银行发行的票据，银行承诺见票即向持票人支付若干金额的货币。"见票（即付）"（at sight）的意思是，每当持票人为此目的而交付或出示该票据。

132　其中的货币指的是国家发行的货币，基本上是当时的本位币。银行并非承诺以金属货币支付。通常金额是以一国的常用单位（马克、法郎、卢布）标明，并且由一国的支付管理机构来确定哪种货币作为当时的本位币。

　　即使金属货币被标明在该票据本身的票面之上，这也无助于防范本位币发生的任何变化，因为该变化影响到所有可以支付的债务，银行的也概莫能外。

　　因此，银行券是一种支付一笔用本位币表示的款项的承诺。事实上，该票据通常标有"该银行会见票即付持票人若干价值单位"。

　　但是，如果银行经理亲自开具这么一张票据，以至于其法律效力毋庸置疑，那么它是银行券吗？根据现有观点，它不是。这样一种票据不仅需要在法律上有效，而且还必须以明确的外在形式制成，该形式预先被予以严格规定。该票据必须是票券式的，从而可迅速辨其真伪。银行券因而是由银行所做出的一种票券式支付承诺。

但它真的是支付承诺吗？自然，只有有效的支付承诺才是我们所讨论的。那么它是吗？

很容易回答："它当然是，因为它在票据票面上声明了的。"然而这个答案是错误的。该票据上的声明至多表明，在它被创造时是打算作为一种支付承诺。但我们想知道，它如今是否有效，而在这一点上，该票据上面所标明的并没有给我们任何信息，因为它已属过去。我们只能从银行自身的管理实践（administrative practice）中去寻找答案。

有时银行会声称："我们不支付，国家解除了我们的支付义务。"因此，银行券不再是有效的支付承诺。那么它是否不再是银行券，而只是一张废纸呢？

这种事件在奥地利和其他地方发生得如此频繁，以至于如此一来，将银行券称作无效的支付手段而不是有效的支付手段要准确得多。但是，银行券这一名称却一直得以沿用，并且（重要得多的是），银行券也一直在使用。

在此我们只能在两种观点之间做出选择。要么我们得说，不可兑换的银行券不是银行券，虽然它们被这么称呼；要么我们就只能说以上银行券的定义[1]是错误的。

如果我们要与该术语的通用用法保持一致的话，后者在我看来

---

[1] 参见第132页最下部分。

就是正确的结论。该定义必须予以改变。银行券可能在一开始是有效的支付承诺,以便迎合世界;在法律史上存在许多这样狡黠的例子。

当银行券是有效的支付承诺时,它可以无限制地用于向银行支付。如果银行欠我 100 马克,而我持有其一张银行券,那我一定可以这样使用该票据:一来可以用它从该银行获得 100 马克的欠款支付,二来也可以将它用来向该银行偿付 100 马克,如果我恰好欠它这么多的话。该银行券因而是面向该银行自身的支付手段。如果该银行不予兑换这些银行券——虽然它曾承诺——该银行券依然还在发挥其第二种用途,即银行接受它们用于支付。

银行券的基本属性因而绝非支付承诺。银行券是一种票券式的票据,标明了若干金额的本位币;并且,发行它的银行承诺在法律上接受它用于该金额的支付。但那无非是一种由私人发行的票券式的支付手段;它是可用于向银行支付[指向银行的支付(epitrapezic payments)]的私人的付款凭证(till-warrant)。它是否可同样用于指向中央的支付,或许尚待讨论;但显而易见,银行客户可以将它用于他们自己之间的支付,因为他们确信它会被该银行所接受。可以说,这些客户和该银行,构成了一个私人支付共同体(pay community);而公共支付共同体(的主体)则是国家。

不可兑换的银行券因而并非一文不值,而是与可兑换的银行券一样,都是银行的付款凭证。

银行券作为"付款凭证"这一概念,要到那家有义务接受它用作支付的机构被确定之后才得以确认。银行券应当被定义为这家或那家银行的付款凭证。银行券当然可以同时是银行券和国库支付令(treasury warrant),但这无关紧要。

银行券是否构成货币的一部分,这一问题现在可以用三言两语来回答。银行券并非自然而然就成为国家的货币,但一旦国家宣布将接受它们用于指向中央的支付,它们就变成了国家的货币。依靠这种"接受",银行券便成为国家货币,不过只是宽泛意义上的国家货币。它们是成为辅币还是本位币,则尚未确定。

此外,在任何情况下,银行券还具有完全类似于国家的货币的一个显著的但却很少有人注意到的属性。当国家的货币被用于向国家支付时,选择本位币还是辅币完全没有区别,因为所有这些货币都具有一个共同的属性,即无条件地被国家接受。

因此,在指向中央的支付中,并不会产生哪一种货币现在是本位币这一问题,它完全无关紧要,而只有当该支付是非指向中央的支付时,才会变得重要。

当银行券被用于向银行支付(用银行券完成指向银行的支付)时,便产生了类似的结果。在此,"哪种货币是当时的本位币"这个问题并不重要,因为银行有义务接受这些银行券作为若干单位当时的本位币。

但是,如果银行券同时还是支付承诺,那么则是另外一回事,因为那样的话,它最终必须兑换为本位币,由此自然产生了"哪种货币现在是本位币"这个问题。

银行券应当在一开始作为支付承诺出现,这在现实中是必要的,否则它们根本不会为人们所接受,但这种属性却可以在银行券依旧照用的情况下被舍弃,正如我们在无数场合所见到的。

即使银行停止运营并结清债务,抑或是清算破产,它也必须以本位币兑换其银行券,只要它们是支付承诺。但如果国家宣布它们不可兑换,并将它们提升至本位票券的地位,那么以本位币兑换这一说法便毫无意义,因为银行券已然是本位性的了。然而,我们从未听说过一家银行在其银行券是本位币期间清算破产。

国家准许银行券发行，是对银行业莫大的恩惠。众所周知，其他商人是不可以发行票据或私人付款凭证的。当然，国家也依法管控银行业，因为它正当地将其视作公共事业。不过同样显而易见的是，通过这种方式增加的利润——其数量之大只能借助银行券发行予以解释——却只是流向了资本的所有者。国家赋予了银行股份的持有者一种增加他们利润的方式，这种方式对于其他行业而言是绝对不可能享有的。"资本主义"因而虽然不是国家诞生下来的，但却是国家培育起来的。

经常发生的是（一般来说），在这些银行当中产生了一家国家更为强力支持的银行；它并非在资金上对其予以支持，而是在行政上宣布某某银行的银行券将会在支付中被国家接受，也即国家"接受"。

对于该银行而言，这意味着其利润的巨大增加，因为如今每个人都乐于接受其银行券，其原因在于该国所有居民都需要向国家进行（指向中央的）支付（例如纳税）。在此之前，只有该银行的客户才想到使用这一支付手段。但如今，用户圈子却无限地扩展了。因此，国家再一次促进了这家银行的生意发展，并依靠的是一种新的方法。它宣布："我承认你发行的银行券作为国家的支付命令（pay-warrants）。"

从那时起，这些银行券便成为国家货币体系的一部分，直至国家不再承认为止。通常——但并非总是——国家要求这些银行券必须在银行才可兑换；但有时当银行券不再可兑换之后，也依然作为国家支付命令。它们获取这种地位并不是依靠可兑换，而只是凭借国家的认可。

但是，获准纳入国家货币，只是表示纳入广义上的国家货币。它们是辅币还是本位币呢？通常，它们首先是被作为辅币接受，即国家承认它们用作指向中央的支付,但一旦它自身进行支付(由中央向外的支付),它就宣布它们并非最终性的支付手段。不过有时候也会有相反的情况发生,即国家宣布银行券是本位币,因而它可以名正言顺地用银行券向外支付。银行券作为货币的这个新的阶段,引发了比之前另一种情况要大得多的轰动;它是首先被想到的情况;之前那种情况很容易被遗忘,因为人们不习惯于像我们一样区分本位币。因而有必要强调这一事实,即如果银行券即使被认可为国家的辅币,它们也作为国家货币出现。其本位币地位的提升虽然使理由更进一步,但却没有必要发生。例如,我们德国国家银行的银行券(1905年)构成了货币的一部分,但它们却只是辅币而非本位币。而在奥地利,银行券却在很长一段时间都是本位币,直到它们成为可兑换货币为止。

这看起来好像是我们大大低估了银行券可兑换性的重要性,而所有经济学家却都恰如其分地非常重视它。然而,我们此处只是想表明,银行券如何作为货币的一部分出现,而不论它们可兑换与否。

可兑换性的重要性自有其迥然不同的讨论的地方。可兑换性首先对于银行自身十分重要。有赖于此,银行券可以无可置疑地投入流通,因为每一个持有者都可以获取国家发行的本位币。

然而,在国家承认银行券为货币,哪怕是辅币之后,可兑换性对于国家也同样重要。因为只要银行有义务将其银行券兑换为国家发行的货币,国家便无须采取进一步的措施来保持银行券之辅币地位。银行意及至此。可兑换的银行券在它们已成为货币的一部分之时,便自然而然地处于我们所称的辅币的从属地位。它们并非债权人的最终性支付手段,因为他可以要求兑换。国家希望银行券可兑换,因为——并且只要——它承认它们作为辅币。每个国家都确保银行券是可兑换的,并将其作为允许银行发行银行券的条件。

140　　　银行券的可兑换性，因而是国家为确保其自身发行的货币之优势地位而采取的一种措施，而这无疑是一个非常重要的目标。

按照一般看法，兑换总是意味着兑换为铸币；这是表明一般理论毫无道理的另一个例证。

正如我们所知，铸币指的是正统型物质性货币。一个开始写到银行券的人，会情不自禁首先想到铸币是一国存在的那种货币，其次想到它居于本位币的地位。诚然，在所有银行券开始被引入的地方的确都有铸币。但是，铸币在所有银行券曾使用过的地方均是本位币，这种说法却不正确。我们只需要想想革命战争时期的英国、1870年战争时期的法国，以及几乎所有时期的奥地利。与银行券相对的并不是所谓的铸币，而是国家发行的货币，而它可能是也可能不是铸币。银行券或许可以兑换为铸币，但重要的是它们可以兑换为国家发行的货币，且还要是本位币。

当存在可兑换性时，银行必须依据同等金额的国家发行的本位币来发行自己的银行券。另一方面，出于自身利益的考虑，银行绝不会拒绝接受国家发行的货币，也绝不会拒绝用同等金额的银行券予以交换。

141　　　如果银行券可兑换，那么便存在与国家发行的货币之间的兑换率，这让我们想到原质比价管理；但确保的固定价格却并非像在原质比价管理中那样针对特定金属。对于银行券而言，所确保的固定兑换率，是针对国家发行的货币而言的。无疑二者均由政府行政行为决定。

通常这更容易不被人察觉，因为如果银行券不可兑换，它们就会很快从流通中消失，除非国家出面强制。同样千真万确的是，银行券只是通过政府的双重行为才获得与国家发行的货币之固定兑换率——一方面，令银行券不可兑换为国家发行的货币；另一方面令国家发行的货币可以兑换为银行券。

可以预料,国家总是会偏好自己发行的货币,而将银行券保持在辅币的地位——一旦它们被接受为国家货币,银行的生意就会得到大力推动,并且,任何偏爱银行券的人,如果他乐意的话,就都可以使用它们。所有相关的人都会从中受益,并且这种状况还可延续扩展至普罗大众,尽管有时国家受形势所迫并未带来截然不同的发展。

放贷和贴现业务的广泛开展,不久便为银行创造了大大超过普通百姓的财富。

考虑到银行券的可兑换性,银行会被迫或自愿持有大量铸币。

在某些困难时期,特别是战争爆发之时,更多是在临近战败之际,国家会记起给予银行的部分被动部分主动的帮助。此时国家对货币的需求达到顶峰,它无法依靠征税获得足够多的货币。贷款要么非常难才能获得,要么则被拒绝。于是国家想到在它的帮助之下变得强大的银行。以德报德,礼尚往来。银行几乎不会拒绝向其太过强大的赞助人和恩人施以援手,即便发放的那种贷款并非其正当业务的一部分。在任何人注意到它之前,银行(例如在奥地利)便已向国家放贷 8 000 万基尔德,或许是以不动产(相当不合格)或其他物品作为抵押。当然这样做银行已经超出了其业务所规定的范围,但其守护者——国家——却迫使它这么做。

如今,如果银行无法增加其相应的铸币储备,那么银行券今后便无法兑换。国家对此非常清楚。它首先颁布命令,然后制定法律,宣布银行被解除其兑换义务。

当国家宣布如下内容时,便更进了一步:"我同样不将这些银行券兑换为铸币,因为我没有足够多的铸币;我——国家——今后将用不可兑换的银行券来进行最终性支付。我宣布这些银行券是本位币。但鉴于我的法院无法强迫我的国民以不同于我——国家——所用以支付的方式来支付,这些银行券因而是所有私人之间支付的法定货币。"

通过这种高度引人注目的交易——通常被视作国家的巨大不幸——冷静的观察者定会有所发现。货币交易并未停止,但本位币却发生了变化,它不再是由金属构成,而是由纸制成。没有哪位货币金属主义者曾对此做过解释。他只是谴责这种通常已连续几十年发生的行为是反常的。世上哪还有任何其他科学任由自己把众所周知的事实称作反常,而仅仅因为这一事实与流行的理论相悖?反常只是对于货币金属论而言的;而对于货币国定论来说,这并没有什么特别,而不过是该理论最简单的实例罢了。我们几乎可以说,我们很高兴非金属的货币终于出现了,其可能性早已浮现在我们的脑海中。常识或许使我们对此政治局势感到遗憾——它导致了这种情况的出现——并为其对贸易的重要影响而表示惋惜。这些情感正中公众人物的下怀,但理论家的职责却在于不带感情地解释事实。

货币如今是纸币,这被看作是件坏事。你问道:"是所有货币吗?"不是,只是有大量这样的货币。但在此之前,许多货币也是纸币。变化之大并不在于金属货币已不再作为货币的一部分,而在于纸币与金属货币这两种在过去并存的货币,如今已经互换了它们的功能性地位。只有认识到本位币与辅币之间的对立,我们才能确切地理解这种变化,但我们的经济学家和法学家迄今为止却依然没有认识到。在发生这种巨变之前,铸币是本位币,(不符合规范的)纸币是辅币。在变化之后,纸币成了本位币,而铸币变成了辅币。

正是在这一点上,货币国定论与货币金属论之间的分歧最为分明。

对于货币金属主义者而言，铸币始终是主要的货币种类，可能最初是在幕后，但却依然隐蔽地施加影响。

这正是货币国定主义者所反对的。他声称："的确，之前是本位币的铸币现在依然存在，更确切地说，铸币物依然存在；但就本位币而言，它们却出局了。纸币如今是真正的本位币，不受任何东西支撑。理论讨论的是'是什么'；而政治则可以涉及'应当是什么'。" 145

第八节下　转账或转移支付

根据我们的概念，只要银行券不被国家接受，它们就构成了并非国家的支付团体（pay society）或群体（pay group）的票券式货币，并因而是私人发行的支付手段的一种特殊情况。它们与国家的票券式货币的共同之处在于，支付是用"物片"（pieces）完成的，交付的是一个"物体"；无疑，具有票券式构造的物体依然是"物体"。但转账支付却完全不同。首先一方面，转账支付与银行券支付密切相关，因为它发生在一个并非国家的支付团体之中。国家不习惯于组织任何转账支付，而银行却经常这样操作。

但另一方面，转账支付又与银行券支付有所不同，因为它并没有使用"物片"。其中票券属性被排除在外，因为缺少该属性在法律上被赋予其上的物片。

这种新现象的本质特征，将首先通过联系过去汉堡的汇划银行[1]（Giro bank）来予以描述。

1619年，汉堡商人成立了一家被称作"汇划银行"的机构，其目

---

[1] 参见哈雷（Ernst Levy von Halle）：《汉堡汇划银行及其产生》，柏林，1891年。

146 标在于调节相互支付。每个成员交付一定数量的银锭。这些硬币并不是作为拥有任何票券式权利的物片,而不过是作为已知纯度、一定重量的物块,被该机构所接受。该机构将这些存入的白银存放在其真实的库房之中,不将其用于任何业务,仅当成员需要的时候才归还。并且,只要存款人自己不去破坏它,那么存款便是可以互换的东西,可相互替代,即白银。

该机构现在创建了一种被称作"银行马克"(mark banco)的价值单位,以用来计算,例如每交付 1 磅(500 克)白银,便会存入存款人的账户 $59\frac{1}{3}$ 银行马克(1868 年)。

该银行马克既非硬币,又非票据,也非"物片",而是表示存款数额的单位。一个人拥有 1 银行马克,是因为在自己的账户上存入了 $\frac{1}{59\frac{1}{3}}$ 磅白银。该安排的初衷在于,成员们通过指示银行借记付款人账户(Conto)并贷记收款人账户若干银行马克——即若干单位的存款——而在彼此之间进行支付。这些指令以书面形式传达,必须包含债务人和债权人的姓名。债权人会被银行告知其账户收到若干转账。这是一个极为纯粹的转账支付的例子,其中债权从一个存款

147 人转移到另一个存款人,当时的支付手段只是法律意义上的私人财产,并没有任何"物体"的转移。

这是一种新的物质性支付手段。如果白银是原质,那么只能通过交付白银来进行存款。如果交付的是黄金,那么黄金则是作为这种支付形式的原质。

然而,这种形式并不是金属主义的。支付并不是按照重量来转让白银。称重只是在最初交付白银,以及之后从该账户提取白银的时候才使用。交付是依靠称重的,但通过该机构所进行的支付却不是称量式的,也不是票券式的;它们只是纯粹的转移,这正是"转账"

支付的含义之所在。

有时人们认为,这种转账支付所采取的方式与白银金属主义是相同的,尽管在外表上它们差异很大。但是,存放在银行库房,并且用作成员信用基础的白银,不仅仅是白银而已;从法律的角度来看,它已经有所改变,正如已然铸造成达克特的黄金与可以铸造成达克特的黄金绝不是一回事一样。

在白银金属主义情况下,每磅白银必须在定义上(ex definitione)具有一个固定价格。但银性(argyrogenic)转账体系却并非如此,它只能通过原质比价安排来达到。如果任何拥有白银的人都可以自由成为该转账团体的成员,那么白银的固定价格便可以在制度上(ex institutione)形成。但我们却没有要求这么一种原质托住,汉堡商人的圈子是有限的。只有原质展现安排存在。很有可能 1 磅白银值不到 59$\frac{1}{3}$ 银行马克,但转账团体成员却不可能为了 1 磅白银出价高于 59$\frac{1}{3}$ 银行马克。

所谓"银行马克"的记账单位,与汉堡之前在业务通过国家货币来完成的时候所使用的单位没有任何关系。因此,银行马克与当时德国北部所使用的同属银性的泰勒货币之间的兑换率是变化的,因为银行马克并没有在原质比价上受到管控。

银行马克这种价值单位由汉堡汇划银行独立创建,与国家货币的价值单位无关,这是一种特别具有启发性的情况;每个支付群体都可以创建自己的价值单位。国家可以这样做,因为它是一个支付团体,而不是因为它是国家。国家只是最常见的、最古老的支付者团体,但它不是唯一的团体。合法的支付团体组织创建了价值单位。这是对国家是唯一的支付团体这一我们所入手的观点的大大拓展。

最近,转账交易已发展至这样一个地步,以至于特殊的汇划银行已不像以前在汉堡那样,构成该交易的中心。

其他银行,特别是那些过去局限于放贷和贴现业务的银行,已另外开发出一套转账体系,该体系与银行券的发行全然无关。这种体系大体经如下演变而成：

那些想要成为一家银行转账团体成员的人们向银行"付款",银行为此为他们开立账户。该款项是以国家货币支付的,因而与汉堡安排形成了鲜明对比。这里没有特别的价值单位被创建出来,相反,这些账户是以一国已经使用的单位(马克、法郎和英镑等)来记账。"付款"不是偿付债务,而是建立信用。

收到的货币付款并没有被银行单独作为特殊存款来保管,而是作为非特殊存款。换言之,银行只是将自己视作存款人的债务人[1]而已。

如果转账团体(giro association)的一位成员想要向另一位成员支付,他只要按照与在汉堡机构同样的方式操作即可。银行收到书面指令,将这笔款项借记一方存款账户,贷记另一方存款账户。

由于银行几乎为所有想支付的人都开立账户,同时一经要求便予偿还并关闭账户,因而对于转账存款价值单位而言,并没有产生特别的兑换比率。鉴于银行并未保证将收到的付款货币存放库房中,因而它获得了大量货币,并且不会招致所有货币被同时提取的风险。因此,银行的营运资本增加了,其中很大一部分可以用于相当安全可靠并可随时结束的业务。这样银行便增加了利润总额,而这些利润却仅仅被归于其实收资本。正因如此,对于转账账户[2],银行有实力免收费用,并且甚至还可能向客户支付一点利息。

---

[1] 通常意义上的。参见下文第151页。

[2] "活期存款账户"或许是最为接近的英文对应词。——英文译者注

经常听到有人说,转账业务"节省货币"。与原来单靠营运资本相比,它无疑使银行进一步扩展了业务。但对于转账客户而言,并没有任何货币被"节省"了,他只是省去了自己随身携带货币的麻烦。

在转账业务中并不存在类似于银行券不可兑换的情况。银行从来就不会被免除其偿付转账客户存款的义务,并且总是有义务凭借其自己对客户所享有的债权来满足客户提取转账账户存款的需求。(与银行券的)相似之处并非在于转账存款可能会被损失掉,而是在于它可能不再具有流动性,但却依然保有对银行的债权。然而从未听说过这种情况发生。

然而,转账客户并未获得保证在关闭账户时会重新取回他曾存入银行的那种形式的货币。他肯定能取回等值的货币。但从银行的角度来看,他的存款是可以支付的债务,因而以价值单位来计量。正因如此,付还的将不是存入的那些货币,而是与存入的货币等值的货币。如果其间国家货币并未变更,那么将会以与存入时一样的货币来付还。但如果在此期间货币发生了变更,那么无论客户是否乐意,他都必须接受这种变更。他现在所处的位置,与所有其他的货币债权人所处的位置完全一样。

这使汉堡转账与现在的转账有很大不同。汉堡转账具有一个独立的本位,它与国家没有联系。而我们如今的转账团体具有的则是国家本位。我们已指出的另一个不同在于,在汉堡托付的是一个特别的存款;但众所周知,在当今的转账业务中,存入的货币只是产生了对银行的货币债权。相似之处在于,二者均是转账体系。

我们关于转账业务的考察向我们表明,有这样一种支付,它并没有实际交付任何东西,因而我们必须以一种新的方式来理解支付。如果"支付"这个概念要想既包括运用货币物的支付,又包括转账支付,那么交付"物体"就不可能是支付的本质属性。所有支付的本质特征在转账支付中得到彰显,但却必定隐藏于运用货币物的支付之中。

支付是一种交易,其中无论如何都必然暗含着一个团体,不管它是国家,还是一家银行的客户,抑或是任何其他种类的支付者联盟。它甚至可能超越一国之外,正如在金属主义情况之下,它是所有将银、铜或金视为交换商品的那些人。

然而,一旦金属主义消失,金融团体就必须要有行政指导;必须要有具备法律权力的管理机构来确定支付的本质和方式。它必须具有一个管理中心。在国家货币的情况下,这意味着国家在其中的权威性;在私人支付方式的情况下,它意味着,例如,银行作为这样一种中心。

因此,更为宽泛意义上的支付并不需要物体的实际交付,而只需以价值单位表示的对中心(结算)局[Central(Clearing) Office]的债权(claim)和反债权(counter-claim)的合法转移。这种转移可以通过,也可以不通过票券式物体——即货币——的实际交付;转账支付并非通过物体的实际交付,而是以账簿划拨的方式来完成。

支付者联盟的成员们,彼此之间按照以下方式进行支付:成员A将其在中心局账面余额(credit)上的债权转让给成员B。通过这种方式,支付得以进行。

我们可能会通过说该支付总是中心互应的(metacentric),来表达中心局在其中合作的必要性。显然,转账式支付总是中心互应的;但票券式支付同样也是如此,因为它总是用被中心局所"接受",即被认为可有效清偿中心局债权的那种物体来完成。甚至称量式支付也是以这种方式来完成的,因为(当涉及的是向中心局支付时)称量用于支付的金属总是获得许可的。因而中心互应的支付是所有支付者联盟所共有的现象,而实际交付——不管是金属还是票券式物体——则不是。

这拓展了我们的支付手段概念。我们已经知道称量式支付手段和票券式支付手段,而如今我们有了转账式(giral)支付手段。所有这些种类都容许对中心局债权的转移,但只有前两种通过"物体"的实际交付来执行这种转移。

但是却依然存在一个小小的难题。如果我以称量方式或票券方式来支付,那么这是对中心局债权的转移吗?

当票券式物体是可兑换的(即暂时性的),那么显然对中心局的债权被转移了。但如果支付是称量式的,或者是用最终性货币来完成,那么对中心局的债权也被转移了吗?显然没有,如果我们认为债权是实体化的且应无条件予以偿付的。一个持有最终性货币的人(正如在称量式体系中持有用于支付的物质的人)对中心局并没有债权——没有无条件应予偿付的、独立自存的、绝对的债权。

但"债权"这一概念可以被拓展,并且我们已经悄然地拓展了它。同样存在只有在某些条件得到满足时,即当对中心局的债务到期时,才会产生的对中心局的债权。

每个最终性支付手段都为持有者确立了对中心局的债权,这种债权只有在这种情况下方才产生;持有者在中心局对他主张债权的那一刻——但不是之前或之后——便具有了反债权,它在他交付最终性支付手段以清偿其债务而得以彰显。这种"未定的反债权"(eventual counter-claim)的概念,在我们的法律体系中是缺失的,但"绝对的反债权"(absolute counter-claim)这一概念却是相当常见的。

法学家从未提及"未定的反债权"。但为何我们不能引入这一概念呢?通过引入它,我们可以如下来阐明整个情况:

中心局的货币债权的清算总是通过抵消来实行,即通过引入反债权——要么是绝对的反债权,如果当时有现成的话,要么只是未定的反债权,如果没有现成的反债权的话,它总是由最终性支付手段的持有人所拥有。

通过这种方式,"支付手段"这一概念便可加以界定了。在一个支付团体中,每个转移价值单位的转让权都是支付手段,只要持有者能够通过转移从而在中心局确立至少是未定的反债权。

因此,所有材质构成都从支付手段的概念中消失了。同样,"可移动的物体"概念也不复存在;换言之,二者都无关紧要,以至于即使是转账存款也被包括在可行的支付手段之列。

银行券是私人货币,直至国家"接受"它们。转账支付同样如此,一开始按照其历史起源,它是私人支付,但它同样可以通过"接受"而得以提升;如果国家成为转账团体中的一员,并且允许通过转账方式向其支付。因而予以"接受"的,并不是"真实的"支付手段,而是法定的支付方式。

如果国家以自己的名义(而不是像现在这样交由银行)来管理转账手段,那么在一开始这只会是一种可供选择的支付方式,并不会终结以国家货币物的支付。转账方式对于小额支付而言并不方便;转账支付需要通知管理局,即书面指令,而运用货币物的支付则是在债务产生当场便转让,正如在集市上购买或预订火车票一样。同样可能产生以下问题,即整个支付业务会不会——至少在理论上——全被设想为国家的转账业务,以至于用物体的支付将被完全废止。无疑货币将会被废止,但支付却会依然存在。我们经济的结构——我们喜欢称之为货币经济(money economy)——并不依赖于货币;只是看上去依赖于它,因为我们几乎总是通过转让货币来进行支付。但那只是一种特殊情况。其本质特征在于以价值单位衡量的债务。这些并不会随着货币的废除而取消,而是以转账方式得以维持和管理。

转账支付因而完善了整个支付种类体系，它现在如下所示：

1. 金属主义（更为一般性，物质主义），其中货币概念尚未产生。

2. 票券式支付，指的是用货币这种共同的物体作为支付，但货币的种类被进一步划分。

3. 转账支付，没有货币的支付。

但所有这些都适用于国家支付团体，只要国家宣布以上货币种类被允许用于指向中央的支付。并非所有的银行券和转账体系都是如此，虽然它们许多皆如此。

我们在本书开头曾说过，整个世界的支付都是法律的产物，现在我们需要在此加上"国家的或私人支付团体的法律"。简而言之，其论点在于：支付领域是一种行政现象。这种我们称之为支付的行政现象（administrative phenomenon），与产生自团体的"价值单位"这一概念最密切相关，没有这个概念它就无法想象；但在没有物质主义，没有物质性货币，没有自主性货币，甚至根本就没有货币的情况下，支付的世界却完全有可能依旧存在。但若没有转移价值单位的某种安排，商业支付就是不可能的，转账业务似乎是其最后可能的形式。

第九节　辅币的贴水

当有人声称货币不是商品，因为它本身总是支付手段时，其中暗含以下假设：（1）只有一种货币，（2）我们只在一国之内开展贸易。

我们不能假定只有一种货币。在所有现代国家，有许多种货币同时存在。

在这些不同种类的货币中,总有一种我们称之为本位币的货币,它取决于功能,而与材质无关。其他种类的货币则被称作辅币。

事情是这样的:所有完全以货币表示的债务,最后都求诸于本位币,因为司法判决是一锤定音的,而国家作为法律的源泉,只是强迫债务用它本身(通过其财政部)用来支付的货币来履行。

由于这个原因,商品总是与本位币相比照;在一国之内,本位币本身从来就不是商品。

因此,与商品这一概念相比照的并不是普通的货币,而只是本位币;因为依据定义,只有本位币永远不会被购买。但却完全不难想见辅币会被购买,因而它们是商品,甚至在国内贸易当中也是如此。

诚然,如果国家愿意以本位币交换辅币——当它认为这样做可取时——那么辅币就不会是商品。

因为这个原因,德国泰勒虽然处于辅币地位,但却不是商品。没有必要购买它们,因为它们可以通过自愿交易获得。直到白银回复到一个非常高的价格,才有必要购买它们。同样,德国国库券作为辅币,也无须购买,因为国家很乐意提供它们来换取我们的金币——唯一的本位币。

然而,却有一些辅币,国家并未提供它们来换取本位币。从1859年开始,奥地利银币基尔德便是辅币,但国家却并未支付它们来换取纸币本位币。无疑,它依然是国家支付手段,但虽然如此,却有可能是商品。持有者具有以下选择:他可以像一个傻子一样用银币基尔德来支付;他也可以像一个聪明人那样像任何其他商品一样来出售它。

从出售辅币(在该国之内)中获利,只有可能在将其作为物质性商品出售的情况下才会出现。这是否有利可图,便取决于其出售价格。该货币物的利润则被称为贴水。

如果像过去的情况那样，在一国之内只有一种货币，那么贴水是不可思议的。完全需要其他某种货币来做比较。

并且，就本位币而言，贴水同样无法想象。这种货币总是表现得像它是唯一的货币一样。可以说，贴水度量的，正是偏离由本位币所确定的零点的程度。它只相对于本位币而存在，因而后者（在一国之内）本身不可能具有正的贴水。

贴水在本位币是纸币的时候尤其显而易见，以至于有些人便认为这是唯一的情形。但贴水并非来自本位币是纸币这一事实。当本位币依然是铸币的时候，辅币也有可能具有贴水；并且，即便本位币由纸制成，也有可能不会产生任何贴水。

此处再一次表明理论家与普通人之间的判断是多么迥乎不同。

纸币的使用与该问题毫不相干。所需要的只是要有辅币与本位币并存。如此一来，如果出售辅币要比将其用于支付更有利可图，那么这种货币便具有了贴水。

因此，贴水是：辅币作为商品的价格——以本国价值单位表示（并能以本位币支付）——减去该货币物的票面价值。

我们将这一差额看作正的，如果是这样，它就被称作贴水；如果是负的，它就被称为逆贴水（Disagio）。

负的贴水（或逆贴水）意味着，辅币物被当作一种商品，即便亏损的情况下也被出售，仿佛它只是一块金属片，因而其支付性用途被自愿地抛弃了。但是，当人们这样做亏损时，便不会将其抛弃；因而负的贴水在实际中并不常见，至少对于平常交易是如此。它只是一种可以想见的情况。国家只有在它的国库中有这种辅币，并且出于某种原因想要将它们作为金属片来从质地上（platically）加以使用的时候，才会注意到它。

同样，具有正的贴水的辅币的持有者，如果出于自身的利益行事的话，就会总是将它们作为商品来从质地上来使用，而从来不会作为支付手段来从支付上（lytrically）使用。从法律的角度来看，它们的确依然是支付手段，只要国家在法律规定中未进行变更，但实际上，它们已经不再用作支付手段了。

另一方面，具有负的贴水（逆贴水）的辅币，总是以支付的方式而不是质地的方式来予以使用（只要持有者出于自身利益行事），并且它们会一直被用于商业支付。每个人都偏爱用这些货币物支付，虽然他本来可以用其他具有正的贴水的辅币来支付。这便是"格雷欣法则"（Gresham's law）的真正含义："劣币驱逐良币"。其中"劣币"指的是具有负的贴水的辅币，而"良币"则指的是具有零贴水，或者是正的贴水的辅币。从这个意义上来理解，格雷欣法则是正确的，它属于众多一知半见（half-truths）一类。但该法则所涉及的只是不同种类辅币的相互关系。

当应用于本位币时，它就不再正确了。如果"良币"指的是铸币本位币，而"劣币"指的是不符合规范的本位币（例如纸币），那么该法则便相当荒谬。不合规范的本位币确实取代了之前的铸币本位币（例如由银行券或国家纸币成为本位币）。但这并非源于持有者出于自身利益追求的经济行为，而是源自国家的行为——当财政实力不足时，它便决定将不合规范种类的货币（如纸币）作为本位币，并将之前是本位币的铸币降至辅币地位。这并不是自动实现的，也不是通过市民的行动实现，同样不是通过持有者考虑从支付上还是质地上使用货币更为有利可图来实现。它是通过国家不得已而为之的一个决定实现的。只要国家不改变其决定，任由之前的本位"良币"继续作为本位币，那么"劣币"绝不可能驱逐"良币"。

哪种货币是本位币，总是取决于国家，或者更确切地说，取决于它管控其由中央向外最终支付的方式。

但是,哪种辅币依然用于支付,则无疑取决于个人。只有那种贴水为零或为负的辅币,才实际上依然作为支付手段使用。

我们由此可见,所有种类的辅币都具有宽泛意义上的贴水——有的时候是正的,其他时候是负的。并且,它们只有在均衡的那一刻才具有零贴水——即当正的贴水转变为负的贴水,或者反过来,当负的贴水转变为正的贴水之时。有可能出现所有的辅币都具有正的贴水的情况(正如在奥地利有一段时期,不仅银币基尔德,而且小面额硬币都具有贴水)。也有可能出现所有的辅币都具有负的贴水的情况(比如在德国自大约 1876 年以来)。还有可能出现某些种类的辅币具有正的贴水,其他种类的辅币具有负的贴水的情况(例如在意大利,其中金币 20 里拉具有正的贴水,而银币里拉则具有负的贴水)。在德国,众所周知,如果白银价格保持在 1871 年时的水平,那么泰勒作为辅币,便会具有贴水。我们所援引的只要是来自德国的事例,就均表明,贴水这一概念与纸币本位币的存在毫不相干。我们甚至可以活着看到,泰勒具有正的贴水——如果(不太可能)白银的价格上升至超过 1871 年的水平!那样的话,我们的国家偿付处所便会注意不再提供(更不用说逼迫我们)泰勒用于由中央向外的支付,尽管它们在 1905 年可以像当时的法律所规定的那样那么做。

具有正的贴水的辅币,对于其持有者而言并无劣势;相反,它们甚至还是一种优势,因为他可以通过出售它们而获利。但是,对于整个货币体系而言,结果便是这种货币已经退出支付性使用。如此一来,正的贴水可能会造成很大不便,例如,一旦它发生在诸如 1 法郎或 2 法郎这些不可或缺的小面额货币身上(法国,1865 年)。反观具有负的贴水的货币物,它们则会被努力使用,结果其金属含量的纯度会降低。由于纯金属的数量与其效力无关,这种行为只会使货币金属主义者迷惑不解,他们对于看到出于公众的利益而出现的向负的贴水的货币物转变而表示遗憾。

具有正的贴水的辅币,如果它们的圆片被作为商品使用,那么所值的支付单位要多于作为支付手段时所得到的价值;"具有价值"(用作交换)是商品的一种属性,而具有效力则是票券式物体的一种法律属性。出于这个原因,我们可以说,具有正的贴水的辅币升值了或(价值)高估了。类似地,我们可以称,具有负的贴水的辅币贬值了或(价值)低估了。如果辅币恰好具有零贴水,那么它便可以被称为充分估值的。

"高估"和"低估"这种术语对于本位币完全没有意义,因为本位币并不用作商品。我们不能忘记,价值这一概念总是相比较而言的。无疑比较的对象可以通过安排来选择。没有人能阻止我们将小麦商品与燕麦商品进行比较,并称 1 蒲式耳小麦值若干蒲式耳燕麦。但是,"价值"直截了当(sans phrase)指的是以货币计量的商品价值,并且,如果在一国不是只有一种货币,那么就总是指的是以本位币计量的价值。

当然可以问这么一个问题,即"以白银、黄金、玉米或石油计量,本位币的价值是多少?"但在这种情况下,要予以比较的东西已明确规定。我们不回答这个问题,我们也不会假定任何特定的金属具有以本位币计量的固定价格。从我们的角度来看,是否具有金属比价控制,在此刻是一个完全无关紧要的问题。我们所关注的是那种根据现行规则和条例,可以被证明是本位币的货币。

辅币的升值和贬值(或者一回事,正的或负的贴水),指的是同当时的本位币之间的某种关系,并没有与任何金属相比较的概念。我们的本位币概念是一种功能性概念,而金属比价管理(metallodromy)对于本位币而言并非不可或缺。

贴水这一现象因而以这样一种一直有效的方式来进行解释,而不论金属是否从质地上加以使用,也不论它是否在比价上予以管控。

从这个角度来看,例如声称1879年以后奥地利银币基尔德具有负的贴水,这一说法是非常明确、逻辑正确的;相对于当时由纸币构成的本位币,它贬值了。我们并不问这两种货币物哪一种在它作为纯粹的物质出售时具有更高的价值,而问的是银币基尔德这种货币物是否与纸币基尔德具有相等的价值,而结果是,它价值更低。

如果有人关心地问及哪种货币包含更多数量的白银,他肯定会得到银币基尔德的回答。但问题并不在于此。银币基尔德作为一种商品,同样可能在我们的意义上贬值(具有负的贴水),但作为一种支付手段,它却与纸币基尔德具有相等的价值。

银币基尔德曾经是本位币(1858年),并且许多人会很高兴地看到它被予以恢复。这是法律史和支付政策问题,我们并不关心这些。被废黜的国王已不再是国王。

辅币的贴水,无论是正的还是负的,都是一种商业现象,因而会随着市场行情而不断变化。正因如此,1903年附于我们泰勒身上的贴水,随着白银金属价格这种不受我们管控的起落,而在一些时候更多,在另一些时候更少,也就不足为怪了。诚然,这种贴水是潜在的,因为没有人会傻到将泰勒作为商品出售,但它却确实存在。如果白银的价格再次上升至1871年的水平,那么就不再有负的贴水,但却没有影响到我们哪怕是最不重要的货币规则。

同样,辅币正的贴水的大小也取决于市场状况。因而它可能有时减少,有时消失,甚至变成负的,但却没有影响到货币体系的规则。正的贴水,只有在将该货币物作为商品使用有可能获利的时候

167

才会产生，一旦它们不再能够加以如此利用，它就会消失。这同样看起来很自然，只要货币体系是"正常的"，即只要铸币是本位币。

如果，譬如在法国，银币被当作本位币（从1803年到大约1860年），那么金币有时就会具有正的贴水。1860年之后，正的贴水消失了，因为法国市面上的黄金价格下降了。但在一开始法国货币体系并没有任何变化。总有一天正的贴水会不复存在，而这只会对那些抱有黄金具有以银币本位币计量的固定价格这一迷信的人来说，才是不同寻常的。对于其他所有人而言，很显然，黄金的市场状况是正的贴水消失的原因。

当1878年奥地利银币基尔德的正的贴水（在那之前一直存在）消失时，人们认为发生了奇怪的现象。但它的出现却完全是（同以上）类似的。在白银市场上，将银币基尔德作为商品出售已不再有利可图。对于奥地利白银市场而言，白银的价格一如既往指的是以本位币计量的价格，而当时纸币是本位币。那些反对纸币制度的人们认为，纸币事实上是银币基尔德的凭证（order），他们没有看到这种支付手段完全独立的本质。但对于认识到该纸币事实上是本位币的我们而言，银币基尔德这种辅币失去其正的贴水，并且在1879年之后继续作为辅币，会相对于纸币一直产生负的贴水，这些均是完全可以理解的。如果白银价格进一步下降，那么这又有什么奇怪的呢？以纸币基尔德这种当时的本位币所表示的银币的价格，并不受任何管控。就纸币计量而言，白银并没有固定价格。银币基尔德可能高于、低于抑或短时期恰好等于纸币基尔德。在1879年之前是高于，之后则是低于。所有的价格都是以本位币计量的；当纸币是本位币时，它们便不再与过去是本位币但现在（正如1859年以来的银币基尔德）却成为辅币的货币有任何关系。

银币基尔德正的贴水在1879年的消失，以及1879年之后（隐形的)负的贴水的出现,只不过是奥地利市场白银价格下降的结果,这迟早会被注意到。

在 1879 年之前,白银是可以相当自由地铸造成基尔德的,但在 1879 年之后却被终止了。自由铸造的终结,与 1879 年之后银币基尔德在商业中获得与纸币同样对待毫无干系。当时,纸币依旧是本位币,而银币基尔德则回归支付业务作为辅币使用,这只是因为,鉴于白银的低价,它具有的是负的贴水。造币厂的关闭与其效力无关。因为银币基尔德具有基尔德之效力,并不是出于它所包含的白银在市场上达到这个或那个以本位币计量的价格,而是由于该货币物被宣布作为支付单位基尔德。纸币基尔德具有基尔德之效力完全是基于同样的原因。被宣布具有同等价值的货币物一起流通,辅币与本位币并存。辅币只有在它因具有正的贴水而成为一种商品时,才会被舍弃支付用途,而一旦贴水变成负的,它就重新进入流通,而无论该贴水是高是低。

正如之前所提及的,具有正的贴水的辅币是可以想到的最不合适的货币种类,因为它们离开了货币流通而成为商品。这是如此明显,以至于国家从来不会有意制造这种货币。问题在于国家是否愿意维持其本位币不变。如果国家并不打算让其作为本位币用于由中央向外的支付的那种货币出现任何改变,那么就作为辅币的硬币而言,它们正的贴水只能由市场变化而产生,即由于铸造这些硬币的金属的价格发生变化而产生。例如在英国,当金币基尼在英国人使用银币作为本位币期间被宣布值 21 先令时,基尼只有在黄金商品的价格相应上升时才会具有贴水(如 21 先令 6 便士或 22 先令)。而如我们所知,这个价格必须以本位币计量,而在我们所考虑的这个例子中,它是银币。但是,这并非正的贴水产生的唯一方式,它同样可以在国家变更其本位币的时候悄然产生。金属市场会依然予以配合，但该过程却是以不同的方式实现的。当本位币变更为另一种时，现在不再作为本位币而成为辅币的那种货币并未予以废除，而是有时作为货币体系的一部分处于从属地位而得到保留。不管是否情愿，所有价格的含义全都发生了改变；虽然它们名称照旧，但却指的是新的本位币。这同样适用于金属的价格，因而很容易发生的，不再是本位币的货币获得了贴水，因为如今价格是根据新的本位币计量的。按照这种方式，奥地利银币基尔德自1859年以来获得了贴水，从此以后，白银的价格指的是以纸币表示的价格，因为它们成了本位币。但是纸币并没有白银比价管理，正是依据这种货币判断，白银价格上涨了。因此，在世界其他地方白银并没有发生任何事情的情况下，银币基尔德在奥地利产生了正的贴水。仅仅由于本位币的改变，奥地利白银的价格便足以不再受管控，并实际上上涨了。贴水的产生并不是因为白银市场，而是由于报价的基准的改变。

我们不会在此处探询，为什么白银以纸币基尔德计量的价格比之前的更高；我们将只是从该例子中观察到另一种本位币的选取产生了银币基尔德正的贴水这一现象，而上述英国基尼的情况则不是这样。

从这个例子的性质可以得出，那种具有正的贴水的货币并非有意加以创造，而只是因为当时行情的变化才得以产生。

然而，具有负的贴水的辅币的情况则不同。有时它们是有意创造的，虽然有时也只是因为行情的改变。

每当纸币这种票券式货币物被引入作为辅币时，我们知道，它们在一开始就会具有负的贴水。同样，每当小面额硬币——有意用很少纯金属甚至不用纯金属铸造——被引入时，众所周知，它们在一开始也会具有负的贴水，除非涉及十分特殊的情况。支付政策并非坚决反对具有负的贴水的辅币，而是有可能有意让它们产生。

更值得注意的是，在面对辅币出于并非有意的行情变化而产生负的贴水时，许多理论家所感觉到的苦恼。这发生在我们德国泰勒的身上，由于我们金币的本位币地位，以及白银当时非常低的价格（相比于1871年），它们具有了负的贴水（1905年）。

根据它们的起源，泰勒（在1905年）是一种旧本位（ex-valuta）货币，它们从曾经是本位币的时期流传下来，之后一直作为辅币。它们作为旧本位币的属性只是一个历史事件，而与当今的国家票券式法律无关。

根据现行的法律状况，泰勒只是辅币的一个例子，法律过去以及现在都认可它们为通货，并且它们还因为白银市场的行情而获得了负的贴水。

它们与其他种类具有负的贴水的辅币之间的唯一差别在于，根据1905年的法律，它们依然是通货，可以用于任何金额的支付。

对于那些仅依照成文法，而不是依照影响更为深远的行政法来判断货币体系的理论家而言，这样一种货币事实上是非常可疑的。因为有可能某一天，国家在由中央向外支付时会习惯于强迫它的债权人接受泰勒，法律允许它这么做，因为泰勒保留有作为通货的属性。显然，如果一个人坚持认为在德国只有金币才应当是本位币的话，那么国家一旦想要赋予泰勒以本位币的地位就有法律的支持，（在他看来）便是一种危险；它可能用泰勒来进行由中央向外支付，并拒绝兑换它们，于是这种货币就变成了本位币。

这种法律状况显露出了某种游移不定和优柔寡断。国家应当明确它想将哪种货币作为本位币，而不应当把通货的地位让与任何其他种类的货币（在我们的例子中即泰勒）。

但是这种缺漏却没有产生任何后果，因为我们的行政法填补了这一缺口。根据我们的权力机构，特别是担负货币管理的德国国家银行的指示，泰勒原则上不能被强迫于任何人接受，因而不能作为本位币。以这种方式，危险得以消除，它不是通过法律，而是通过行政手段。无疑德国的票券式法律存在缺陷。

另一方面，泰勒是具有负的贴水的辅币，这一事实本身并无任何可疑之处。例如，银行券和国库券同样是如此。德国的泰勒甚至事实上（虽然不是在法律上）是可兑换的，并且只不过是具有负的贴水的可兑换的辅币的一个例子而已。它是一种硬币，其功能性地位类似于德国国库券的地位，因为其作为通货用于由中央向外的支付的属性，可以说已经"沉沉入睡"了。

当前关于辅币的本质存在两大错误认识。

在德国（假如我们设想自己身处 1905 年），所有这些种类的货币都可以兑换为本位币。这并非一概依照成文法，而是全都依据行政指示。由此可能得出以下结论，即辅币之所以能与本位币一起保持流通，是因为它们是可兑换的，它们是本位币的有效兑换凭证（draft），在德国没有人会出于自身的利益考虑而拒绝接受有效的金币兑换凭证。5 马克银币之所以会被作为 5 马克接受，是因为大量 5 马克银币总是可以在德国国家银行兑换为相对少量的金币。现在毋庸置疑，在德国所有辅币都享有可兑换的国定票券式货币的地位。但是这并非它们与本位币一起流通，并且按照其票面价值被予以接受的原因。如果将来有一天，规定泰勒可兑换的行政法规被予以废除，那么泰勒会依然作为 3 马克的货币继续流通，正如 5 马克银币以及铜币芬尼一样。甚至银行券和国库券即使其可兑换性被废除，也会依然按照其票面价值被使用，但这无疑只有在国家始终坚持这些货币会被其公共偿付处所按照其票面价值接受的情况下才会如此。

辅币之所以能作为名义货币保持流通，只不过是因为它们被宣布可以被接受用于向国家偿付处所进行以支付单位所表示的支付；换言之，它们取决于法令（fiat），正如本位币的情况那样。如果我们设想可兑换性予以终止，那么其结果便是，人们在向国家偿付处所支付时，总是会使用他们不想保有的那种辅币。

辅币因而会通过支付到达偿付处所，正如它们现在是通过兑换到达一样。这会让公众感觉非常不便，但却不会对该货币的效力产生任何影响，因为这是由法律确定的。

另一个常见的错误在于，有必要限制辅币的生产（例如德国的泰勒或银币），以便使它们保持其票面价值。事实上泰勒的铸造就被终止了，而且有关于帝国银币可铸造数量的明文规定。许多人认为，取消这些限制会对这些货币的市场通行价值产生影响。这同样是错误的。如果今天我们让泰勒自由铸造，并且也让帝国银币自由铸造，那么还是会像以前那样，泰勒值3马克，5马克银币值5马克；唯一可能的是，如果可兑换性依然得以保持，那么便会引发兑换它们的风潮。如果可兑换性被废除，那么这些货币会被优先于其他货币用于指向中央的支付，因而国家偿付处所会对这些辅币的过剩而不知所措。这让国家十分难堪，但对泰勒的价值而言，却没有任何影响；那是由法令决定的，而不是由行情决定的。这个刚刚提及的例子，在美国由于暂时接受白银铸造为美元便发生了。同样错误的是，国家将不得不变更其本位币，而这在美国并未发生。

第十节　辅币的积聚

狭义上的本位，是指国家用于其由中央向外的支付的那种货币。如果国家偿付处所随时准备好用本位币进行支付，同时国家又允许辅币用于向自己支付,那么便很容易发生国家耗尽其本位币储备。国家必须对此做好准备,即向外支付这种货币的同时,根本就不能确定这种货币在自己收到付款时是否会回流。

178　　即使一国经济运行状况极佳,即每一年它都量入为出,只花费与它确信能收到的一样多的货币,这种风险也依然存在。有什么能保障国家在愿意接收辅币作为支付的情况下,手头总是有足够的本位币呢?

　　国家偿付处所的货币储备,虽然按照其票面价值是充足的,但却可能包含令人不安的高比例的辅币—本位币。流入国库的本位币的数量,相对于国家需要支付的数量而言可能太少了。国家预算是平衡的,但国家以本位币支付的能力却受到了威胁。由此产生了国库辅币的"积聚"(piling up)和本位币的"消失"问题。

　　我们已经将辅币划分为具有正的贴水(升值的)与具有负的贴水或逆贴水(贬值的)两种。前一种不会被用于支付,因为将它们作为商品更有利可图;它们不会被用于向国家支付,因而不会在国家的国库中"积聚"。

179　　而后一种具有负的贴水的辅币的情况,则正好相反。将它们用作商品是无益之举;它们会被作为支付手段使用,即它们只会具有支付性用途。并且,由于它们必然为国家偿付处所所接受(否则它们就不是国家货币),所以它们便会很容易在那"积聚"。因此,国家会面临具有负的贴水的辅币在其国库中积聚并驱逐本位币的风险;国家可能无法再用迄今为止作为本位币的货币支付。在此之前的本位于是将面临崩溃的危险。在列举用来防止这种事态发生的举措之前,我们要问:"谁创造了具有负的贴水的辅币?"换言之,"谁助推了这种货币新的产生?"

　　有时是国家自身创造的,例如在它生产小面额货币或零钱的时候。负的贴水并非构成零钱这一概念的一部分,零钱的本质特征在于它只是有限金额的法定货币。但实际上,零钱却这样制造以至于它通常具有负的贴水。

同样,国家自身有时还发行纸币。它们由于是标有印记的一文不值的纸片,所以常常具有负的贴水;但只要它们是辅币,就属于我们现在考虑的情况。

国家可以很容易地管控以上提及的这两种辅币,因为它们的发行掌握在自己手中。

国家只在人们需要的限度之内生产零钱,并很容易观察到辅币超过了人们的需要而在其国库中积聚。通常它会"定额配给"某个数量(如平均每人10或14或20马克)。这种举措的目标并非在于(正如经常所认为的)防止商业世界这种货币的过剩;其流通中的数量不可能超过所需要的数量,因为它是用于由中央向外支付的仅仅有限金额的法定货币,但却是用于指向中央支付的无限金额的法定货币。其目标在于避免这种货币的积聚。纸币的情况也是一样,只要国家发行它们作为辅币。可容许的数量可以很容易通过细致的试验确定,当它们开始积聚之时,流通中就不再需要。通常会预先按照规则确定一定的总量,正如在德国那样。但这是"限制",即将发行维持在一个任意的数量水平,仅仅是作为一种防止国库辅币积聚的举措。

银行券在它们被接受作为国家的辅币的时候,情况则与此不同。这时不是由国家,而是由银行发行这种货币。该银行要么隶属于国家指导(正如德国的国家银行),要么就是私人银行。但银行总是被视作营利的企业,纵使它是国家主导的具有公共职责的银行。国家规定了这些银行的经营范围。它只有在银行券是可兑换的——即意味着在最后可兑换为本位币——的情况下,才会接受银行券成为国家货币。无须担心银行券在它们已成为并将继续成为辅币的时候,会在国库中积聚。国家会将所有它认为过剩的银行券带到发行地兑换,并一定可以换取到本位币。这种票券不会将本位币从国库中驱逐出去。因而国家可以毫不犹豫地认可这些银行券为其偿付处所所接受;通过强迫银行有义务兑换,国家保护了自身免受积聚的危险。但是,如果银行无法做到,那么警觉的国家便会察觉到潜在的危险,并适时地对外宣布今后这种银行券不会被国家偿付处所所接受,它们于是将不再是国家货币。关键并非在于银行发行的银行券应当有所限制。这种限制是为了更大的安全,但单有该银行券的可兑换性便已提供了足够的安全。

近来另一种具有负的贴水的辅币经常出现,但不是因为发行它,而是由于延迟回收它。例如德国的泰勒、法国的银币 5 法郎、奥地利的银币基尔德和俄国的银币卢比。

在所有这些货币中,国家都变更为新的本位,但却让那种在以前的本位下是本位币的货币作为辅币流通。由于白银市场状况的变化,这种旧本位币获得了负的贴水。

在所有这些货币中,旧本位币在它获得了负的贴水之后,便在国家偿付处所积聚,当那里有国家银行时,它便被转交给这家银行。该银行必须接受它,不是出于其商业能力,而是作为货币管理机构的代理人。因而具有负的贴水的辅币储备的产生,并不是因为这样一种货币的有意发行,而是由于延迟回收这种已变成旧本位币的货币。这些货币其中有些进入流通,即它们被用于无中央的支付。但另一些因总是可以用于指向中央的支付而被转交给了国家偿付处所,并最终形成了银行或财政部金库中的"库存"。其结果是,国家财政部必须用本位币支付,但却必须容许具有负的贴水的辅币以及本位币作为其收入和现有存货。这使得国家难以维持它已确定的本位。它开始遭受考虑不周之苦。一个意外情况出现在它面前,它受到了任何金属货币都足够好这一迷信的折磨。

"库存"应当被清理掉。但如果国家使这种货币非货币化,即如果它在法律上消除它们充当货币的属性,那么它们便成为它的囊中之物。但由于其贴水是负的,出售它们会带来经济损失。

这在德国和法国发生过。由此产生的并不是一个令人绝望的货币体系,以上提及的国家也没有任何一个其金本位受到了严重损害,因为只要国家仅将金币视作本位币,这就能存续。但这个做法却造成了存货积聚,致使国家难以维持其本位;它必须接受那种它绝不会再次支付的货币。

在奥地利和俄国,在某一方面情况也是一样。银币基尔德和银币卢布一旦其贴水变成负的,就会在流通中重新出现,这同样会导致这种银币回流至国家偿付处所,从而侵扰纸币本位的清静。

回归金属质货币,哪怕它是辅币,也会让一些人欢呼雀跃,但这件事却没有引发更深入的关注,尽管它耐人寻味、发人深省,提供了许多思考的素材。

为了避免形成只有银币作为具有负的贴水的辅币才可能成为国家偿付处所的负担这种印象,我们回顾一下法国白银价格高企的那段时期(大约1860—1870年期间)。那时法国是银本位。金币是辅币,并且没有被废除。但只要国家继续将银币作为本位币,金币就会在其国库中形成库存,从而使其难以维持银本位。金币在当时是辅币,并且具有负的贴水。国家立马便改变了政策:它决定将金币作为本位币。由于这种变更,这个事件——理论上非常具有启发性——很快就过去了。

最后,旧本位的纸币在国家采用了任何种类的金属本位之后,同样可以继续处于辅币的地位。例如,如果奥地利在1892年决定维持其国家纸币中的一部分，比如五十基尔德纸币作为辅币，而同时（我们将假定）让皇冠金币成为本位币，那么便属于这种情况。这样一来，这种纸币便会具有负的贴水。但是，居于我们所假定的辅币这个地位上而形成的这么一种货币，总是会被国家偿付处所接受，但却无法在任何情况下都用于由中央向外的支付。因此，这些纸币有可能会在国家偿付处所积聚，以至于它们将在一定程度上导致金本位难以为继。

既是如此，国家要想引入一定形式的本位，往往就更难得遂所愿，如果它保持某种旧本位币作为辅币，并且如果这种货币在当时或之后获得负的贴水的话。

这个事情对于一国居民而言并不重要，除非国家被迫放弃其本位制度。那样的话，贸易将第一次感受到其负面影响。

整个过程出自财政节俭。国家向往某个本位，但却希望花很少的代价来达到这一目的。

在我们所考察的因为其负的贴水而成为国家的负担的旧本位币中，我们一直假定它是有关旧有的货币物的问题，或者更确切地说，是关乎那些在之前本位制期间产生并存续下来的货币的问题。这些货币物的数量无法增加，它们是遗物，是"枯树枝"。

但如果具有负的贴水的辅币继续予以发行——无论是硬币还是纸币——那么该问题就会变得更为严重。

假设1876年之后，在金币成为本位币，而白银价格降至远低于1871年的水平之后，我们继续铸造泰勒；那么我们就无异于故意进一步发行一种具有负的贴水的货币。众所周知，这并没有发生。

1870年以后法国开始有了纸币本位。随着白银价格不久之后开始下降，五法郎银币的自身价值低于其法定面值。但是，银币的自由铸造一直延续到1876年，换言之，具有负的贴水的辅币继续被不受任何限制地发行。

在奥地利1879年当纸币本位予以实施的时候,情况也是一样。银币基尔德的贴水消失了,并转而变为负的;但在一开始,银币基尔德的总量却可以增加(诚然,只有国家矿山生产的白银才能如此);换言之,国家允许具有负的贴水的辅币的增发。

因此,在白银价格高企期间,法国继续允许金币铸造,虽然当时该辅币具有负的贴水。

假如在德国我们允许国库券增发——众所周知,之前被限制在总额1.2亿马克——那么这将也是具有负的贴水的辅币的发行。

国家只有在一种情况下才会小心谨慎,即纸币的发行,它们对纸币感到一种天生的恐惧。但一旦涉及的是发行具有负的贴水的金属货币的问题,它们就不会那么谨小慎微。国家抱有金属不那么危险这种庸俗的信念,并忽视了可能存在具有负的贴水的金属货币这样一个事实。一直到这些辅币的积聚变得巨大之时,它们才会为之所动,亡羊补牢,要么变更本位,要么停止增发。

最著名的例子,要数法国1876年和奥地利1879年银币铸造的终止。这里我们并不能怪罪被视作金属的白银,而应归咎于具有负的贴水的辅币的持续发行。停止发行意味着关闭造币厂,因为问题恰恰出在硬币上。国家因而得以保护自己免受这种货币在其国库或在充当国家偿付处所的银行金库中的进一步积聚。

当辅币继续增发时,有两种不同的情况:(a)国家独自发行,或(b)私人发行。

第一种情况发生在奥地利。在那里"国库的"(Aerarian)或财政的(Treasury)白银,即来自国家矿山的白银,在1879年之后被铸造成基尔德,尽管它具有负的贴水。1890年的银币基尔德便出自这一来源,并且该铸造一直到1892年才停止。财政部将廉价的物质

187

铸造成基尔德,在该物质的本身价值远低于其票面价值时,从中获得了所谓的铸币收益。国家作为财政部,其行为与国家自身的利益相悖,因为它同时还是本位的守卫者。国家作为财政部所赚取的收益,随后又会失去,如果它转向金本位的话。来得容易,去得也快!否则,如果这种损失不那么明显的话,那么这些辅币就依然会作为一种具有负的贴水的货币,导致我们经常提及的积聚。

然而,当具有负的贴水的辅币的发行掌握在私人手中之时,事情则会变得更糟糕。这发生在奥地利——当国家不再具有银本位时,银币却依然可自由铸造,以及发生在法国——当国家不再具有金本位时,金币却依旧可自由铸造。

私人购买廉价的金属,即该金属本身材质的价值按照铸造标准要远低于其作为硬币的价值。他们将这种金属交付给国家来铸造,并依靠当时通行的法律迫使国家发行这种货币。私人从中获利。但是,既然货币一度是由国家制造的,它就依然是国家的负担;私人享受着铸造的收益,而未来的损失或负担却落在了国家身上。

如果一个麻纸制造商将若干英担麻纸交付给国家债务管理局,要求该局将其转变为国库券以让他悄悄带回家,而该国库券却依然是国家的债务,那么国家会怎么想呢?还有什么比这更荒谬可笑的吗?

让我们假设该纸商向国家下了 10 万法郎国库券的订单,但却只愿提供 6 万法郎的金币换取,因而他的利润(不算麻纸的材料)总计为 4 万法郎。国家会认为他疯了,但他只不过是像一个人在白银价格处于低位,而银币依然对私人可自由铸造的时候交付白银所实际获得的那样去要求而已。并且这已经在法国发生了好些年,在奥地利发生了好几个月。

这种情况绝不能与银行券的许可发行相混淆。诚然,只要银行券被认可为辅币,它们就具有了负的贴水,并且其发行无疑也被交到了私人手中;但是,国家却规定其发行必须承担将它们兑换为本位币的义务。因而国家使自身免受损失,并免于"积聚"的风险。

但是,在具有负的贴水的辅币自由铸造的情况下,国家却忘记了这种保证,它并没有对发行者,或(更准确地说)引致发行的人施加任何更多的义务。此时国家可以说并未对发行的发起者诉诸追索权,但在银行券的情况下,这种追索权却是可以获得的。在这种有别于银行券的情况下,私人可以迫使国家制造具有负的贴水的辅币。结果是,其负担全落到了国家身上,而其利润却都落入了下订单的私人的口袋。

为了摆脱这种麻烦,我们国家由于对货币的本质一无所知,必须首先进行试验(如果国家真的如此做了)。但是,货币金属主义者却称,"金属就是宝藏";因此我们让投机商粉墨登场,他们要比造币者有害得多。

这种行为在欧洲各地很快就被终止了。但在美国却没有。在金币成为本位币之后,对银矿感兴趣的私人在其价格下降之后,成功迫使国家购买白银并将其铸造成旧的铸造标准(Mint standard)的美元。但是由于国家维持了金币的本位币地位,这些银币美元便是辅币,并因为白银的低价而具有负的贴水。它们并不为国家强迫人们所接受,但却必然为国家所接受。其结果是,该银币在财政部的金库中积聚。这个事情只能通过强大的利益集团对立法的影响来解释,它在一种为该利益集团分子提供了可乘之机的政府当政中实现。国家仿佛就是被期望以一个对其生产商有利可图的价格购入石油,并将其积聚在无数的油桶中,小心地埋在地下。它不再是国家货币政策的问题,国家变成了强大政党的工具,直到更为强大的政党终结这种邪恶。

191　以上例子涉及的是私人有权利强迫国家增发辅助性的通货,该货币由旧的铸造标准的硬币构成。由于该硬币内含金属的价格现在如此之低,以至于它们具有负的贴水。新发行的货币要么是最终性的,要么可兑换为本位币:它是直接可兑换还是间接可兑换,则无关紧要。

如果它是最终性的,就会逐渐大摇大摆地进入国家偿付处所。持有者只要有机会,就会将它用于指向中央的支付。如果没有向国家支付的机会,他则会将这种货币用于非指向中央的支付。总有一些持有者会有机会将它用于指向中央的支付,并且一段时间过后这种货币就会涌入国库积聚起来,因为我们假定,国家希望维持其本位,因而避免再次支付这种辅币。这发生在北美的银币美元身上,这同样发生在法国,只要那里的辅助性金属通货无法直接或间接可兑换。

但是,如果国家将那种辅助性的通货视作要么直接要么间接可兑换为本位币,那么那些能够迫使具有负的贴水的辅助性通货发行的私人,手中便同时有能力立刻为自己获得本位币,因而能立刻从国家偿付处所索取这种货币。在这种情况下,以上提及的壮举得以

192　更快地完成。这发生在奥地利,当时银币在其贴水消失之后仍可自由铸造,因为银币基尔德可以在银行立刻兑换为纸币本位币。

综上所述。我们假设国家拥有某种明确形式的本位制度,不管它是自愿还是迫于形势引入。在这种本位制度下,辅币具有正的或负的贴水。具有正的贴水的辅币与我们所面临的问题毫不相干。

而具有负的贴水的辅币,可以进一步区分出那种可在诸如银行的私人机构兑换为本位币的辅币;它们并不危及本位制度的维持,因为国家可以坚决要求它们必须可兑换。

然后我们剩下的便是那种不可在私人机构兑换的具有负的贴水的辅币,不管它们是否可在国家偿付处所兑换。这种货币具有在

国家偿付处所积聚起来的威胁,并无疑会危及国家所希望维持的本位制度的维持。因此,正的贴水与负的"积聚"相关,负的贴水与正的"积聚"相关。

国家通过"定量供应"(rationing)某些种类的货币来防止其积聚,其条件是只有一定数量的人均这种货币处于流通;否则,这种货币更新的创造就会被禁止,造币厂(正如我们所说的)被关闭。

如果它不采取这些措施,那么国家便面临着以下风险,即在一段时间过后发现,那种它想作为最终性货币用于其由中央向外的支付的货币,不再能从其国库中找到。

但是,如果国家像在法国那样,让本位币的选择由其国库的状况决定,如果当银币大量涌入时便用银币支付,而如果金币大量涌入时便用金币支付,那么关于本位制度它就没有既定的方针,而是放任自身由财政部的利益所引导。

有关本位制度的既定方针,只有通过采取果断措施防止辅币的积聚才能获得。

我们现在并不评判该本位是否合适。假定任何一种实际运行的本位制度,我们试图表明,具有负的贴水的辅币的涌入,会使该本位极其难以维持。

辅币的使用,只要其过度运用使国家面临这种危险,就应当予以反对。

当国家变更其本位时,它应当是出于政策上的原因才这么做,而不是因为其自身对辅币管理不善所致的窘境。

第十一节　本位的变更

从一种本位币向另一种本位币的转变,只能通过国家的意志来实现。其中本位币指的是国家用于其由中央向外的支付的货币。

当国家在决定做出改变是有赖于积聚的辅币储备时,这种转变可以被称作被动性的(obstructional)。当国家忽视任何积聚,不顾堆积库存的任何不便,而依靠其自身坚强的意志来推动改变时,我们称这种转变为主动性的(exactory)。

此外,国家在变更本位时可能重新确立旧的本位,这就是恢复性的(restoratory)转变。如果它是完全新的本位,该转变就是革新性的(novatory)。最后,转变可能意味着(a)上升,或(b)平稳,抑或(c)下降。[1]

假设被选定作为新的本位币的货币,以前只是作为辅币构成既有货币体系的一部分。

(1)如果将成为新的本位币的货币具有正的贴水,那么该转变就意味着上升。

(2)如果将成为新的本位币的货币具有零贴水,那么该转变就意味着平稳(poise)或平衡。

(3)如果将成为新的本位币的货币具有负的贴水,那么该转变就意味着下降。

新的本位并非依照与金属之间的联系来加以判断,而是根据与旧的本位之间的联系来予以判定,其假定新的货币在旧的货币体系中占有辅币的地位。

最常见的本位转变是被动性的,因为它无须国库的牺牲,并且国家往往未意识到其自身的行为,而认为它是屈从于经济上的需要。由于它容许辅币的过剩,本位币于是被从公共偿付处所当中给驱逐出去。国家开始用一种在此之前一直作为辅币的货币支付。

---

[1] 上升到更高,下降至更低,或以钟摆式振荡保持平衡。——英文译者注

其预算状况或许完全良好,国家并未入不敷出。但却出现了辅币的积聚。如果由此一来国家将这些辅币的其中一种提升至用于最终性的由中央向外的支付的本位币的地位,那么便出现了向新的本位的被动性转变。

也许这正是英国如何转变为金本位的。假设基尼被宣布为值 21 先令的货币,在一开始被作为辅币,并且在某些时候获得了负的贴水,因而基尼便在国库中积聚起来。如果由此一来国家开始用基尼支付,那么就是被动性转变。

可以肯定,这正是法国在 1860 年左右如何转变为金本位的。国家厌倦了总是支付银币本位币但却从来无法收回,收到的是当时具有负的贴水的金币。国家并没有破产,发生的只是本位的变更;但它实际上是一种本位币的破产,因为国家发现它无法继续用在此之前一直是本位性的货币支付,除非依靠诸如白银贷款这种难以承受的手段。

纸币本位通常也是以同样的方式产生的。一开始银行券和国库券仅被用作辅币。它们本身已具有负的贴水;如果它们是私人发行者不可兑换的银行券,或者是过量发行的国库券,那么便开始在国库中积聚。当国家不得不宣布,它再也无法用在此之前一直是本位币的货币支付,并且这些票券本身现在就是本位币的时候,令人悲痛的时刻便降临了。在这种情况下,每个人都在议论本位币的破产,但前一种情况在形态上完全一样。国家出于无奈,受形势所迫。法国复本位甚至将它提升至一种原理的高度——决定这件事的是国家迫于形势,而不是出于意愿。

相反,在主动性转变中,国家并非出于财政上的便利依靠实际积累,而是通过意志力确立某种它认为合适的货币作为本位币。

如果国家将一种货币恢复至其以前的本位币地位,那么这种主动性转变便是恢复性的。

这意味着,在现有货币中,有一种货币以前是本位币,但现在却成了辅币,并具有正的贴水。

以下众所周知的例子将清楚地说明这一点。

在拿破仑战争期间,英国变成了纸币本位。当1815年战争结束,英国便马上准备恢复金本位,并在若干年之后得以完成。该过程完全是恢复性的,只不过基尼不再铸造,而是被苏弗林所取代,因为如果这两种硬币的含量比是21∶20,那么它们的票面价值同样是这个比率。

同样,在1858年的奥地利,由冯·布鲁克(Freiherr Von Bruck)引入的银本位也完全是恢复性的。新的银币基尔德("奥地利本位"),确实要比旧的基尔德更小,并且二者的含量比碰巧也是20∶21,不过它们的票面价值比却比这一比率要低,尽管它们大小不同。

很长时间具有纸币本位的意大利,也同样重新回到了金本位。金币20里拉重新成为本位币。这同样是恢复性的本位转变,如果我们假设国家完全准备好用这些金币进行支付。

在恢复性转变中,最常见的是回到以前是本位币的货币。无疑,这是"铸币支付的恢复",但仅仅这样称还不够明确。更确切地说,它是旧式铸币支付的恢复。

任何以物质性正统型货币种类的支付,都是铸币支付。因而在恢复性转变中,铸币支付是以之前作为本位币的同一种铸币支付。

本位的恢复可以说是,具有负的贴水的辅币被宣布作为本位币这么一种变化在镜子中的映像。正如该镜像使左右互换一样,本位的恢复性转变也收回了由被动性转变所摒弃的那种货币。

在被动性转变中,国家希望避免维持之前本位所需的牺牲。也许它不情愿,也许它无法做出这种必要的牺牲。

而在恢复性转变中，国家已准备好承担这种举措通常所需的巨大代价。国家只有在其财政状况向好的时候才会着手恢复。因此，恢复性转变总是给人造成有关国家财政状况极为良好的印象，而被动性转变则表现出国家陷入财务困境，并且越是如此，在此之前一直是辅币而现在将作为本位币的货币的负的贴水就越大。因而当法国转向金本位时，只有轻微的不安，甚或根本就没有，因为金币负的贴水在当时很少。但是，每一次向纸币本位的转变，却引发了极大的恐慌，因为即使纸币之前是辅币，其负的贴水也可能不免最大。公众舆论只觉察到巨大差异，而很容易忽视细微差别。人们只想到本位在纸币取代金属货币成为本位币时恶化了，而没有注意到，被动性转变在从一种物质性本位向另一种物质性本位转换时同样有可能如此（正如在拿破仑三世统治下的法国）。

在主动性转变中，对于那些我们所谓的革新性且无恢复的转变而言，有许多近期的例子。很多时候革新性转变是面向金本位，但黄金与它并没有任何必然的关系。

德国1871年向金本位的转变及其随后的岁月，便与这种转变密切相关。在早些年，我们拥有的是银本位，并且没有金币积聚的问题。因此，它并不是一个被动性转变，而是一个我们称为革新性的主动性转变；其中也不存在任何恢复。

当奥地利1892年决定由纸币本位转向金本位，它也不是恢复性转变，因为那将意味着回到1857年的银币基尔德。一种新的货币——即以克朗计价的金币——被创造出来，并将被作为本位币。"1/2基尔德"（half-gulden）现在被称作"克朗"，但这并不重要。问题的关键在于，一种货币由另一种原质材质，而不是由旧本位币银币基尔德的材质制成。

仅此一点便蕴含着这种做法的革新性，以及与恢复性转变的不同。

俄国同样从纸币本位转向金本位,并且未变更支付单位的名称。如果它们返回到旧的银币卢布的话,该转变就会是恢复性的,但是由于有了新的金币卢布,它因而是革新性转变,正如在奥地利那样。

只有主动性转变才可能是严格意义上的革新性转变。

反观恢复性转变,它也有可能是被动性的。这种情况只有在最近才令人吃惊地被观察到。

当经过伦敦白银价格惊人的下降,奥地利基尔德的内在[金属体(metallopolic)]贴水在1878年下降至0,并进而转变为负的时候,奥地利国家的国库中便涌满了自1859年以来便是辅币的银币基尔德。如果现在奥地利任由其自行发展,并在一段时间过后宣布,银币基尔德将重新被作为本位币,那么我们便会见证因被迫而采取的本位恢复性转变。但恰恰相反,在1879年,银币基尔德被停止自由铸造。

稍早一些在法国出现了类似的情况,并且,如果白银可以自由铸造为五法郎银币,那么类似的被动的恢复性转变便会在1876年左右上演。这将会回到1860年之前的状况。然而同样,这条路也被白银的停止铸造给堵住了。

类似的意外事件也曾危及俄国,并且以相似的方式得以化解。

因此完全有可能发生的是,被动性转变碰巧导致恢复性转变。但这无疑是在罕见的情况下,例如由伦敦白银价格史无前例的下降所致。

以上我们还依据完全不同的视角对转变进行了分类,即上升的、平稳的和下降的转变。

当转变是被动性时,它总是会下降,因为这意味着辅币的积聚,而这种积聚只有在该辅币具有负的贴水的情况下才会出现。

国家并不总是反对这种下降性变动；当它们允许被动性转变时，会容忍这种变动（正如1876年之前的法国复本位）。

如果该转变没有引起下降，就意味着它是平稳性的或上升性的。1871年在德国，当由银本位转变为金本位时，便是一种平稳性变动。这种转变是革新性的，因为以前并不存在金本位。

同样，奥地利由纸币本位转向金本位（1892年），基本上也是一种平稳性变动。它同样也是革新性的，因为以前也没有金本位。

这两个之所以均是平稳性转变的情况，是因为在仍未变更的本位制度下引入作为辅币的新铸造的金币，既不具有负的也不具有正的贴水。请注意，它取决于当时以那些国家仍未变更的本位所表示的黄金的价格，换言之，在德国取决于当时以银币表示的黄金价格，在奥地利取决于当时以纸币表示的黄金的价格。

这样一种平稳性转变，如果还是革新性的话，通常不会造成任何不安，因为人们仅注意到以下事实，新的货币（相比于其转变之前的状况）在被引入之时，既未被高估也未被低估，而是保持同样的价值。因而就此而论，每一个下降性以及上升性的变动，都被称为令人不安的。那些如此判断的人仅仅考虑的是在转变之时新的货币是升值了还是贬值了。如果它并未升值也未贬值的话，他们便会感到心满意足。

最后，还存在上升的情况。新的本位币（在既有本位下被作为辅币）将具有正的贴水。如果回到以前曾是本位币的货币，那么该上升性转变便是恢复性的（正如1815年之后的英国、1858年的奥地利和1903年的意大利）。这种上升性的恢复性转变经常被认为是"合理的"，虽然如前所解释的，绝不是"未引发不安的"。该恢复性转变所回归的本位被认为是正当的，并且迄今为止该恢复看起来也是合法的。但是为什么不回到更早一些的形式呢？是否有针对意欲恢复的本位的法律时效呢？通常它是一个重新引入金属本位取代侵入的纸币本位的问题，并且也许"合法性"这一判断是在以下这种印象的影响下做出的，即纸币本位是有害的，而金属本位是有益的。无论如何（并且问题恰在于此），这种判断是基于完全不同于先前的理由，它们相互矛盾。

俄国给出了一个既是上升性的又是革新性转变的实例。当纸币卢布被兑换为金币卢布，在铸币平价上折合 2.16 马克的时候，这并不是平稳性的而是上升性的转变；它还是革新性的，因为如果是恢复性的话，它就会回到银币卢布。这是"未引发不安的"吗？不是，因为该转变不是平稳性的。它是合理的吗？只要恢复性转变是合理的，那么它就不是。由此可见从流行的判断中可得到的教益是多么微乎其微。

虽然迄今为止我们考虑的只是从一种主要的本位形式向另一种本位形式的转变[我们称之为"根本性转变"（radical change）]，但依然有其他的本位转变，它们在主要的本位形式得以保持的情况下进行，并且只具有次要的影响。我们将把它们归类为"修改"（modifications）。源自货币物磨损和物质性规范改变的物质性本位的变更，便属于此类。由于物质性本位是最为古老的，它们的修改因而最早被注意到，也最早就遭受诟病。并且，它们最经常地发生在银本位身上，因为银本位比金本位更古老。但是我们所讨论的现象与白银本身没有必然的关系。在一开始我们会假设物质性规范保持不变，以便我们仅将注意力全放到流通中的货币的磨损上。如果没有原质比价安排，那么磨损便表现为该原质金属价格的上升。一个现在根据原质金属来判断本位币的人会称，与原质金属相比，本位币的价值下降了。不过他选取的是他自己关于价值概念的基准。

如果按照我们的基准,他一定会称,根据本位币,原质金属价格上升了。

如果规定只有新的货币物才是本位币,并且一旦其磨损超过某种程度就会成为辅币,那么便没有什么可反驳的了。这样一来,每个人都会以磨损的货币向国家支付,而国家自身却总是用足重的货币支付。所谓的"最少通行重量"并不能决定该货币物是否有效,而能决定的只是它是本位币还是辅币。该货币的磨损于是便可以仅仅通过设定由中央向外支付的最少通行重量来避免。然而,在更遥远的过去,国家依然处于"财政的束缚"(bonds of fiscality)之下,因而这并没有得到实施。随之而来的本位变更(就原质金属价格现在上升而言),完全是被动性的。国家支付在其国库中积聚的磨损的货币,因此,永恒的循环便开始了。在整个中世纪,以及在现代大部分时期,这种现象几乎在所有国家都可观察到。

人们以为它不可避免,但它仅仅是因为国家决心再次支付磨损的货币才出现的。

物质性货币经常被观察到的物质性规范的改变,是截然不同的一种转变,它总是主动性的转变,并且可以分为革新性转变和恢复性转变。

例如在英国,在直至伊丽莎白女王的几乎所有统治时期,便士(当时的本位币)的物质性规范的标准都被降低了。

一开始便士包含 1/240 塔磅(Tower pound)标准银,最后却只含有 $\frac{1}{697\frac{1}{2}}$ 塔磅。该事件是主动性转变,因为它并非由于积聚产生,而且这种转变是革新性的,因为它没有用来重建以前的制度;最后,该转变是下降性的,因为该更轻的货币物若纳入旧本位之下,便会显示出负的贴水。

通过这种转变,原质金属的价格必定会上升,而这看起来像是本位的贬值,因为普通人的感受是金属主义的。

但有时却相反(例如在英国),实行的是旧的铸造标准的货币物的新铸造。这种举措同样是主动性的——这的确显而易见——因为它对于国库而言负担沉重;但它是恢复性的,而非革新性的,而且它是上升性的,而非下降性的,因为纳入旧的货币体系的新货币物将会显示出正的贴水。

当黄金是本位币的原质金属时,所有这些同样都有可能发生。

关于原质金属的这种变更了的关系,给货币金属主义者留下了深刻的印象,因为他们认为,支付完全在于所交付的金属的数量,而如今业已证明的,在我们看来,货币物的效力是国定的,即取决于法令。但同时双方都清楚的是,无论如何,原质金属的价格因为磨损而带来的改变,与因为更轻的铸造标准而造成的改变是一样的;由此观之,虽然本位有所变化,但其主要形式却并未受到影响,因为本位币一直是物质性的,原质金属也与以前一样。

我们现在可以对有关本位的根本性转变与修改的讨论做以下总结。

被动性转变是所向往的吗？有时候它们是(正如法国采用金本位的时候),有时候它们不是(正如法国在1876年,银本位有回归的危险的时候)。相比之下,有意引入的主动性转变,却是国家所向往的。

恢复性转变是所向往的吗？很多时候它们是;但当银本位在法国和奥地利具有回归的危险时,恢复则被强行遏止了。不过,革新性转变由于它们总是主动性的,因而自然而然总是国家所向往的。

下降性转变是所向往的吗？在法国,向金本位的转变是下降性的,也是所向往的。但是,鲜明反映出国家财政拮据的下降性转变,却总是不希望出现的。

平稳性转变,被公众普遍认为是无差异的(正如德国 1871 年向金本位的转变),但却对金银市场有强大影响。

最后,如果上升不是恢复性的而是革新性的,正如俄国向金本位的转变那样,那么为什么它会被实行呢？它既不能被看作"合理的"(正如恢复性转变那样),又不能被认为是"未引发不安的"(正如平稳性转变那样)。

让我们现在仅局限于一国之内的贸易关系,来探究这种向新本位的转变将如何产生影响。

无疑它们将影响到金银市场,并且在许多情况下这种影响是可以明确说明的。

假如发生由白银比价管理的本位向黄金比价管理的本位转变,那么在此之前一直固定不变的白银的价格就会改变,而在此之前一直波动的黄金价格却会转为固定不变。

每个习惯于购买或销售这些金属的人,都将会受到影响,包括作为销售者的矿藏的所有者,作为购买者的工艺行业,还有珠宝或器皿的购买者或销售者;简言之,整个"金属体"贸易发现自身处于新的形势之下。

让我们假设出现相反的情况,即发生由黄金比价管理本位向白银比价管理本位转变。如此一来,在此之前一直固定不变的黄金的价格就会改变,而白银价格却会转为固定不变。所有的金属体行业都会受到影响,但却是以相反的方式,因为这两种金属已经互换了位置。

假如发生的是由金属比价管理的(metallodromic)本位向非金属比价管理的(ametallodromic)本位的转变;那么,这两种金属的价格便会马上变得波动不定,而在此之前却只有一种金属的价格是这样。

但是让我们假设出现相反的情况,即由非金属比价管理的本位向金属比价管理的本位转变;那样的话,一种金属的价格便会变得固定不变,而另外一种则像以前那样变动不居。

这一切总是会改变金属体贸易的状况,并会被那些从事该贸易的人切身感受到,有时有一定帮助,有时有一定阻碍。

我们不能忘记,金属的价格总是指的是以当时的本位币所表示的价格。在向新的本位转变之前,价格因而指的是以旧时本位币所表示的价格;在向新的本位转变之后,它则指的是以新的本位币所表示的价格。

当轮船在波浪中行驶时——要么迅速要么缓慢,海洋波系的确会变得更为多变。但我们却可以忽略由轮船所制造的波浪,而不至于明显改变对该波系的一般性认识。

因此我们可以比以前更为一般地断言,对于国内贸易而言,除了金银贸易,本位的选择几乎无关紧要,因为它只会产生次要的影响,这种影响消失在各种广泛而持续的价格变化之中。每天有上千种干扰,来自新航线或运河、关税、运费率和新船的建造,等等,它们时而朝这个方向、时而朝那个方向逐渐改变贸易进程,并最终完全改变整个局面。在所有这种变化中,每个人都在追求自身的利益,并且在上千种情况下这个或那个价格在下降或上升。但是,上升却总是因为卖方实力增加,下降则总是由于其实力下降;既然价格并非依据金属的数量来表示,而是按照货币单位(马克、法郎、卢布)来表示,既然最终支付是依靠本位币,那么结果便是,这种货币与金属之间的关系就无关紧要,因为哪一种货币是本位币总是相当明确的。我们以货币单位来表示价格——不仅仅是价格,而是所有蕴含支付的债务。这一事实可以被谴责,但却无可否认,因为名义主义的货币国定主义如今在这个世界上一直存在。

除了金银交易之外,该转变并不妨碍国内贸易,因为经济个体的双面向身份;他给予的与他收到的是同一种货币。这对于由一种本位向另一种本位的所有转变都是基本适用的。如果转变是下降性的,那么收到时的明显损失便会被支付时的相应收益所弥补。如果转变是上升性的,那么收到时的明显收益便又会被支付时的相应损失所消散。这样一来其结果便是,除了金银交易外,本位变更仅会通过产业界次要的变化作用于国内贸易,其中成千上万的条件因为其他更为重要的原因而不断变化,以至于那些若干条件的次要变化并不起什么作用。

关于本位转变对国内贸易影响的通常的观点,是相当不恰当的,只要经济个体的双向身份被忽视,只要我们的债务(货币国定论意义上的)未被考虑。然而,如果这两个均被纳入考虑范围,那么本位转变的影响是相当微不足道的,这一结论便立即显而易见,而无论该转变是下降性的还是上升性的。

在上述讨论中,本位的转变只是从一个价值无涉的观察者的角度来描述,我们完全避免了对引发这些转变的支付政策(lytric policy)的任何解释。支付政策涉及的是支付手段体系,它包括与之相关的由议会法案、法令或指示所决定的一切,而绝不仅仅限于(像货币金属主义者所认为的)支付手段单纯的生产。除此之外,还有如我们在货币的功能性分类中所看到的有关支付体系的行政法规。支付政策包括所有这些,并且问题在于统摄这些政策的目标是什么。

货币金属主义者认为,这完全取决于合适本位的选择。如果本位币是铸币,那么在他们看来便是合适的;这要求一个确定的金属被指定为原质金属,然后他们要求对这种金属实行原质比价管理,并且如果所有这些都实现了,就会感到心满意足,因为他们觉得这种金属便是价值尺度。在他们看来,假如两种金属之间的比价不出现扰动,那么一切就会状况良好。

货币金属主义者分为三大阵营。白银金属主义者希望只有白银被选为原质金属,他们希望银铸币是本位币,并且国内白银的价格应当通过白银比价管理来予以固定。

黄金金属主义者希望只有黄金被选为原质金属,他们希望金铸币是本位币,并且国内黄金的价格应当通过黄金比价管理来予以固定。

最后,金银复本位制主义者希望黄金和白银都作为原质金属,他们希望这两种金属各自均有铸币,希望那种自行涌入被迫积聚的金属铸币作为本位币,并且对于这种金属应当有原质比价管理。

所有这些货币金属主义观点均意味着,最重要的是,人们在每一次支付的时候,都应当努力给予债权人"真实的"满足。单(金属)本位制主义者展开地相当合乎逻辑,一个最希望将白银交到债权人手中,另一个则希望给他黄金。复本位制主义者却不那么合乎逻辑。在从黄金向白银,或者反过来从白银向黄金转变的时候,货币单位的名义性便出现了;但复本位制主义者却没有予以注意。

我们发现所有这三个阵营都极其厌恶辅币,这种货币通常属于反正统型(不合规范的)货币一类。

就票券而言,所有货币金属主义者都希望它们可以兑换为铸币本位币。至于不合规范的硬币,它们必须只能是有限金额的法定货币(即成为小面额硬币),或者,如果需要的话,它们也要像票券一样可兑换。其动机在于,至少对于较大金额的支付而言,"真实的"满足是可以实现的。

如果有什么地方因为某种政治灾难,自主性纸币恰好获得本位币的地位,那么货币金属主义者便会痛惜"真实的"满足的消失，并提出恢复性本位转变作为补救措施；他只能将自主性纸币想象为消失了的铸币本位币的兑换凭证。货币金属主义者无法理解有关这种纸币的其他想法，因为他将价值单位定义为一定数量的金属。

单本位制主义者总是认为，他所选取的金属在价值上不会有波动。他在这一点上是完全正确的，因为它产生自他所选取的关于价值单位的定义。其他金属价值的波动在他看来是有缺陷的。

复本位制主义者会认为，如果这两种贵金属的价值之比是固定的，如 1 重量单位的黄金值 15½ 重量单位的白银抑或更多，那么将是极大的恩惠。

所有货币金属主义者——无论他们属于这三大阵营当中的哪一个——都无一不认为贵金属的价值比率是由其所生产的和所销售的数量决定的。大幅增加的白银生产，或异乎寻常的银币的大量销售——它们已失去了货币属性——在他们看来，是 1871 年以来白银价格下降的原因。早先的固定比价被源自金银贸易的原因扰乱，而这在货币金属主义者看来，对黄金国家和白银国家之间的贸易关系产生了最严重的后果。看起来越来越清楚的是，该比价如此令人不安的扰动源自白银的过错，而黄金货币金属主义者则暗自高兴（并不乏公道）他选择了更可靠的金属。

"在文明世界，黄金大获全胜；它是作为原质用途的最合适的金属，并且只有金铸币才适合享有本位币之地位。从此之中得以获悉正确的支付政策，即铸币作为本位币，而黄金作为原质金属。"

货币金属主义者的这种看法可以被极力推荐给公众人物。普通人很容易明白，在所有金属中选出最佳的，然后固守这种金属。政治家会发现，没有什么比金本位更容易辩护的了。常识告诉我们，它是"正确的"（sound）。

但是，对于理论家而言，说明黄金获胜的真正原因却完全是另一回事；他不能从金属的属性当中去寻找我们国家支付政策的有力的深层次原因；相反，支付政策真正的虽然无疑是无意识的目标，要从国际支付——国与国之间的支付——中去寻找。

第三章 对外货币关系

第十二节 本位币之间的汇率

两个邻近的独立国家之间的关系,通常被称为国际(international)关系,虽然问题涉及的并非民族、历史或文化意义上的国家(nations),而是政治意义上的国家(States)。在每个国家当中,本位币最重要,它赋予了各自货币体系以特色。国际货币关系因而是"本位币之间的(inter-valuta)关系",即一国本位币与另一国本位币之间的关系。

本位币之间的关系一般用"外汇兑换率"(course of exchange)来表示。但"本位币之间的关系"这个新的术语却更佳,因为它不考虑此处并不重要的"汇票"(bill of exchange)概念。所谓汇票价值,是指一国为获得对另一国本位币的这种有效的债权(claim),而以本国本位币所支付的价格。而所谓本位币之间的价值,则是指一国为了获得另一国一定数额的本位币,而以本国本位币所支付的价格。

"外汇兑换率"(汇率)这一术语因此对于我们而言太过狭隘。它意味着要有汇票,而且它们是交易标的。开展这种交易的市场,是具有高度发达经济体系的国家的交易所(bourse)。交易商是所谓的货币兑换商,或者在更高的发展阶段被称为银行家。供给和需求影响着汇票的价格，因而它是势力的较量，二者更强的一方起决定性作用。汇票的价值并不是产生自国家权力机构。并没有行政权力来管理汇票的结算。例如并没有国家命令规定，1 000 法郎的汇票在德国以 810 马克接受。法律和条例只在制定它们的国家内部才有约束力，假设我们的国家完全独立，并且没有签订任何货币协议的话。

同汇票一样，本位币之间的价值纯粹是一种商业现象。通过供给和需求来确定若干货币单位的一国本位币来换取 1 货币单位的另一国本位币，是货币兑换商、银行家和交易所的工作。马克的法郎价格——英镑的马克价格——卢布的马克价格，这些全都是由交易所市场上的讨价还价决定的，正如小麦的价格一样。

由此出现了一个非常重要的对比。在一国之内，这种货币的效力并不是一种商业现象，而是取决于权力机构。汇率——一种价格——只属于那种已经成为商品但并未丧失其效力的辅币。

在国际贸易中，该效力遍及国境之内，但却并未越出国境之外。外国硬币在我们国家不具有效力，我们的硬币在国外也是如此。以所需的本位币所表示的外国硬币的价值，是由交易所的竞争决定，而不是由行政行为决定。如此达到的价格——无论是国内的外国货币还是国外的本国货币——于是被用作小额交易的出发点，因而显示出权力机构插手的迹象，但这只是无足轻重的商业惯例。就交易所本身而言，并无任何权力机构控制本位币之间的关系。根据这种观点，1 法郎是如何在交易所被估价为 80、81 或 82 芬尼，或者 1 卢布是如何在柏林被估价为 2.14、2.15 或 2.16 马克，是显而易见的。这些波动是国家及其本位独立性的必然结果。

然而，我们却会被告知存在铸币平价(Mint par)，并且该铸币平价本质上便是本位币之间的平价。告诉我可以从 1 磅纯金中铸造出多少英国苏弗林,或者可以从中铸造出多少20马克德国金币,然后我便可以计算出铸币平价,而这就是英国与德国本位币之间的平价。显而易见,这种普遍持有的观点是完全错误的,因为基于以下两个原因。第一,并不总是存在铸币平价。在英国与墨西哥之间便没有铸币平价,因为在墨西哥是白银被铸造成本位币,而在英国则是黄金。同样,如果一国具有金属本位,而另一国是纸币本位,那么也没有铸币平价。如果有时有铸币平价,有时没有,那么它只能有时——而并非总是——是本位币之间的平价。

第二,即便如在德国和英国那样有铸币平价,它也并不意味着就是本位币之间的平价。该确切无疑的铸币平价,并不就意味着英镑在柏林交易所具有固定的马克价格。

因此,铸币平价并不能被等价于本位币之间的平价,因为有可能该硬币在各自国家并非都是本位币。

一种硬币在一国可能是本位币,但同种金属的硬币在另一国却可能是辅币。英国金币和意大利20里拉金币早就是这种情况。铸币平价因而与英国—意大利汇率无关,因为在意大利,20里拉金币是辅币。

至于墨西哥和英国,很显然那个白银国家与这个黄金国家之间并没有[1]铸币平价。有时一个人被告知,汇率取决于贵金属的相对价值。在这种情况下,某种独立的存在被归因于这种关系;据说它完全是由黄金和白银的交易决定的。假如那样的话,它便可以被引入来解释英国和墨西哥的汇率状况。但是,所谓的独立性并不存在。

我们因而从不谈论这两种金属的相对价值,以便用它来解释白

---

[1] 在1905年。

银和黄金国家的本位币之间的汇率，否则正如不久将会看到的，我们便会陷入循环论证。

就一切情况而言，更稳妥的说法是，并不存在汇率平价；其本身必然由特殊的安排确立，而这种安排在每个国家仅考虑其国内运行时并没有实行。

因此，任何问及法郎、卢布、里拉或比塞塔值多少马克的人，只能参照汇率公告。铸币平价是另一回事，可能不时产生。而本位币之间的汇率平价却每天都会重新产生。

幼稚的缺乏经验的人可能会提出反对，认为这样一来便不可能有国际贸易。如果马克与卢布之间没有固定的比价关系，那么交易怎么能够在这两个国家之间开展呢？事实上，交易的确变得更为困难，但却并没有终止。不可能准确地计算利润，但这却并未阻止所有交易的进行。商人敢于冒险，并知道如何对冲风险。

我自己的看法是，事物最初给定的条件是一个波动的本位币之间的汇率。理论无须解释为何它有时不断变化，而需解释为何它一度固定不变。那些从汇率通常是固定不变的这一理论出发的人，是不可能理解其变动的。如果一个人从相反的假设出发，那么他便很容易理解其偶然的稳定性。

本位币之间的汇率，在一切情况下都取决于蕴含相互支付的两国之间交易的总和。它反映的是交易所对于外国货币的供给与需求之间随时会出现的缺口。英镑在柏林值多少马克这一问题，取决于供给与需求之间的平衡。供给和需求产生自未偿付的企业债务和投机买卖。本位币之间的汇率取决于产生对一方或另一方支付的企业债务的偿付，以及对未来经济形势的预测。汇率因而是一种心理现象，它取决于过去产生这些未予清算的交易的意志行为，以及对未来业务关系的看法。它不可能由本位币材质的任何技术性考虑确定,因为其起源并非国定性的和技术上的,而是商业性的和心理上的。

人们可能会担心,两国之间的汇率会疯狂涨跌,特别是当我们意识到情绪和感觉这种不可估量的因素涉及其中之时。历史上确实发生过大起大落,尤其是当业务关系以及情绪和感觉出现了扰动。这种危急时刻属于真实的经历,不应当作为例外而被推入角落加以漠视。对于理论家而言,并不存在任何例外。另一方面,由于业务关系的各种复杂性,它们的总体趋势很少出现大幅改变,而看法的直接反转只在极特别的情况下才会发生。汇率通常具有某种惯性,只会因为重大事件而发生动摇。其心理上的根源有可能造成大幅波动,但却并非必然就如此。

为了给这种心理观点取一个向我们表明是商业关系之总和的名称,我们称两国之间本位币之间的汇率是从国家总体上(pantopolically)予以解释的。该词表示,我们所指的一国本位币在另一国交易所的价格的确定,取决于债务总和以及价格确定所基于的情绪和感觉。所有这些汇聚成以下命题:本位币之间的汇率是一种国家总体上的(pantopolic)现象。

我们承认金银交易商的影响,但否认该问题仅与其相关。最显而易见的是,汇率不可能通过货币金属主义的货币概念来清晰地理解。

决定汇率的国家总体上的关系,只能被那些时刻考虑两国之间国际收支差额的人详细理解。这需要极其丰富的交易所交易经验,而它很少有人具备,并且自然而然只能涉及特定的国家和时间。

货币具有"一定的价值",即便它不是由金属构成,并且并未在原质比价上受到管控,这个观点似乎不时地被人们意识到。更确切而言,一国的本位币绝不可能完全是物质性的,并且在该国中绝不可能有完全的原质比价管理；其结果是（在这些情况下），该货币与原质金属之间便缺乏固定不变的关系。然而，虽然无法找到本位币与之相比具有固定价值的金属，但它却并非一文不值。作为票券式支付手段，它具有"一定的价值"。

这种推理首先意味着以下看法，即严格来说，原质金属是当我们要寻找货币的价值时用作比较的商品。对于这种金属主义的看法，货币国定论揭穿了其谎言，并证实了相反的看法，即货币制度在原质金属不具有固定价格的情况下也可行。

货币国定论认为，货币——甚至当其由纸构成，并且缺少原质比价管理——并非"虚无之物"，它依然是将价值单位由一个人手中转到另一个人手中的工具，并且完美地满足国内流通。

如果被问及这种货币是否具有"一定的价值"，我们首先必须在比较对象上达成一致。如果选取的是金属，那么就已经给出了答案——以金属为参照，货币不具有固定的价值。但正如每个金属一直具有同一种价格，虽然是波动的价格那样，以用来比较的金属作为参照，货币也具有价值，虽然是波动的价值。

然而，假如所考虑的并不是金属，而是另一国的本位币，特别是在原质比价上有管控的外国货币，那么便可以称，以另一国原质比价上有管控的货币作为参照，没有原质比价管控的纸质货币仍然具有"一定的价值"。因此，并非单凭原质比价管理赋予了一国货币以就另一国货币而言的"一定的价值"。

确实是这样，但货币国定论的支持者认为所有这些都理所当然，因为对于他们而言，货币的原质比价管控似乎不是必要的基础，而只是一种附随的情况。并且，他能够说明这个一定的价值是如何决定的。它取决于两国总体上的关系，因为这个"一定的价值"无非是本位币之间的汇率。

根据这种国家总体上的理论，并不存在本位币之间的平价，也并不存在马克与法郎之间、马克和卢布之间以及马克与英镑之间的不变关系，因为这些是货币单位而不是硬币。

然而，每个人都谈论本位币之间的汇率平价，以及对其的偶尔背离——"高于平价"和"低于平价"。解释很简单。我们只是断言，具有独立货币制度的国家本身——即作为这些制度的结果——并不具有汇率平价。但是，却存在国家支付政策加之于国家货币制度之上，要求并实现了某个平价。这种政策随处可见。很多时候它是无意识地实行的，并且该目标还经常可谓是自动实现。另一方面，该平价总是国家支付政策（lytropolitic）意向的结果。法郎并不是本身值 81 芬尼德国货币，而是有政策发挥作用使其保持在该价值水平。卢布同样如此，它在 1903 年并不是真正就值 2.16 马克，而是政策使然。

该政策可以长时间取得成功，保持汇率稳定在向上或向下范围内小幅度波动。有时候危机爆发，证明该平价只是一个政治目标，突然间变得难以实现。

此处阐述的观点是本位币之间汇率理论的基石。正如"国定属性"概念是理解单个国家货币体系的关键一样，本位币之间汇率的国家总体上的观点是理解国际货币关系的关键。

因此，如果想要锚定本位币之间的汇率平价，就需要管理机构的汇率控制来予以维持。

它就如同国内固定不变的金属价格。原质比价管理需要原质比价管理机构的连续操作。这种固定本位币之间平价的操作，可称作对外比价（exodromic）操作。本位币之间持续不变的平价，是对外比价控制的结果。

其中带有原质比价控制的迹象。二者均为贸易制定规则，而并非着眼于利润。

一旦一个特定的平价被确立,此时的汇兑价值便可以判断为是高于还是低于平价。现在的问题在于,该特定的平价是如何被选定要么用来判断当前的汇兑价值,要么用来真正实现该平价本身。

它可能是铸币平价,如果有的话;也有可能是历史上某个时期的汇率水平被视作平价。但是,通常该选择只是出于便利的考虑,这个或那个汇兑价值是被任意确立作为平价的。

在所有这三种情况中,其选择都取决于国家的决定,并且这种决定在它基于铸币平价的时候尤具启发性。它如此容易发生,并如此易于理解,以至于该平价被许多人认为仅与铸币平价相关联。但这却并非唯一可能的选择。锚定的平价是由本位币之间的汇率政策所构造的概念,它并非来自两国自身货币制度本身的属性。

当奥地利一方与俄国另一方具有的都是纯粹的纸币时,便不存在平价,除非它由国家决定。

同样,当德国具有银本位,而英国具有金本位时,情况也是如此。一旦德国和英国具有金本位,便有了平价,不过这只是因为国家决定将对应于铸币平价的汇率作为平价,并依靠特殊的安排来维持它。但是,一个不同的平价却是可以想象的。一旦一个特定的汇率状况被宣布作为平价,实际的外国本位币汇价就有可能高于或低于平价。外国货币于是有了贴水或逆贴水;或换言之,有了正的或负的贴水。

这种本位币贴水是一种国际商业现象,与我们之前讨论过的国内贴水没有任何关系。在两国之间的贸易中,一国的本位币可以具有相对于平价的贴水。这种对外贴水无论是正是负,都不是金银市场这种特定市场行情的结果,而总是源自国家总体之间的关系。遗憾的是,"贴水"这个词在商界被用于这两种现象。在对外贴水中,它是一个有关两个特定国家及其本位币的问题,而不是关于辅币的问题。

1878年,在奥地利,银币基尔德的国内贴水消失了。这没有人注意到,因为基尔德是一种辅币。对外贸易并不受其影响。但是,当对外贴水在1892年不久之后消失时,奥地利便感觉到自己在对外贸易方面奋斗的目标。

在所有有关这些至关重要的问题的讨论中,没有人断言这两种贴水在理论上的差别,因为所有人依然囿于货币金属主义观点。

我们再一次声明我们的原理:国内贴水取决于金银贸易,并且本质上是金属体层面的。对外贴水只有在平价被确立为目标或标准的时候才能产生,从而像本位币之间的汇率本身一样,本质上是国家总体上的。

国内贴水,如果出现在辅币银币身上,并且为正,就可以被称为白银贴水,或者,如果出现在辅币金币身上,则可以被称作黄金贴水;因为它产生自这些金属的价格。

相比之下,对外贴水只有在偶然的情况下才可以被称为黄金或白银贴水,并且那样的话也是在完全不同的意义上而言的。该贴水总是出现在外国本位币上。如果这种外国货币碰巧属于金本位,那么该贴水就是黄金贴水;如果碰巧属于银本位,那么则是白银贴水。如果外国货币这两者都不属于,那么该贴水就既不能被称为黄金贴水,也不能被称作白银贴水。

如果从德国的角度看,英国本位币具有贴水,那么正确的用语是英国货币具有贴水。在论及对外贴水时,我们需要指明该国家而不是其金属。

对于国内贴水而言,我们必须指明其金属。在这种情况下,这种金属在外国是否被维持在一个固定价格水平并不重要。我们将汇率视作一种国家总体上的现象，即依据我们自己的本位币来看待一种外国本位币的价格。价格和价值在我们眼中总是"以支付手段为基准的"（lytrobasic），即它们与支付手段有关，在不确定的情况下与本位性的支付手段有关。我们从不将一种金属作为比较的对象。

这种我们为了解释事实而不得不完全遵循的观点，具有显而易见的重要性。外国货币，如英国，以德国货币所表示的价值，是总体贸易关系的结果。英镑与马克之间并没有之前就存在的先验的关系。英镑在某一时刻以我们的货币单位——马克——所表示的汇兑价值，总是由贸易造成的，更确切地说，是由贸易关系决定的。并不存在先于贸易的汇率；相反，汇率是作为贸易的结果而产生的。这正是国家总体观的含义。该理论解释这一事实相关的一切，证明了其正确性。货币金属主义这种相反的观点——存在一个贸易所基于的作为一个前提的汇率平价——是完全错误的。贸易只是预设存在一个汇率——并非一个固定不变的汇率，贸易商利用这一汇率——不论是什么——作为他们计算的起点。他们从今天的汇率开始，并促使明天的汇率的形成。

汇率的这种国家总体上的解释，对于货币金属主义者而言完全无法接受，但它却源自国家票券式货币体系，源自我们不再具有称量式支付手段这一事实；并且单单它便足以解释任何情况下的汇率。作为"价值尺度"，金属最终被废弃——不是被理论所抛弃，而是被金属主义不复存在这一事实所摒弃。你说："金属主义会更为简单和容易地理解和把握。"的确是，但它已不复存在，并且并不是理论家消灭了它，而是历史进程使它已成陈迹。理论家只需表明发生了什么，以及我们必须如何使自己适应新的形势。这种新的形势需要对外比价控制来确立不同国家之间的固定汇率。

第十三节　黄金与白银之间的价格比率

长期以来，伦敦是文明世界的主要白银市场。白银的价格依据标准盎司进行报盘，每天每盎司白银支付的便士数目被予以公布。因此，多少白银重量单位可交换每一黄金重量单位，以及实际上可交换的英国苏弗林黄金——依靠金属比价控制而在一般黄金市场上被维持在一个固定的价格水平——都是一目了然的。

什么决定了伦敦的白银价格呢？它是一种孤立的现象，还是反映了其他经济过程？它是在人类的掌控之下，还是命中注定强加于我们？

倘若我们像学校教科书那样，看一看两个完全相反的极端的例子——假想的情况，那么问题便可以得到简化。

假设所有文明国家都像英国那样引入金本位。我们将假定银币辅币的储备一段时间内保持不变。这些国家既不使用新的白银来铸造，也不抛弃旧的白银货币而将它作为商品出售。这些国家的货币因而对伦敦白银市场完全没有影响，既不产生需求，也不产生供给。

在第一种极端情况下，伦敦的白银价格就像锡或铅抑或任何其他金属——黄金除外——以及的确，像所有其他与货币没有关联的商品的价格那样被决定。现在唯一的问题在于：(a)有多少白银可供出售，要么新从矿山挖出，要么来自银器的转让；(b)有多少白银必然被艺术、摄影等产业购买。白银价格由需求和供给决定，不会受到任何国家货币方面的影响，即不受任何与货币制度相关的事务的影响。

让我们采取相反的假设，即白银不再用于那些产业。白银依然被开采，但只用于铸造货币，并且只在一个国家，比如说印度使用。印度具有比价管理的（dromic）银本位（正如1893年之前那样）。所有白银于是会被仅仅用于自由铸造印度卢比（rupees）。白银因而会在伦敦市场上具有一个完全由英国—印度汇率所决定的价格。1盎司白银可以转变为若干单位的卢比；我们已经排除了所有其他用途。它的价格取决于卢比汇率，该汇率在国家总体上决定，即由所有涉及英国与印度之间相互支付的状况决定。

在这两种情况的第一种中，伦敦白银价格将仅仅取决于产业。来自任何国家的本位币之间的汇率的影响都将被排除在外，因为我们已经假定没有国家的货币制度可以影响白银市场。

在第二种情况下，伦敦白银价格将完全取决于印度汇率，因为我们假定白银不被用于产业，并且只有印度具有银本位。事实上，这两种极端情况都不会出现。除了金本位国家英国和德国之外，还有银本位国家（1919年前的墨西哥和1893年前的印度）。并且，白银完全不再用于产业，也是难以置信的。伦敦白银价格既不完全取决于产业，也不完全取决于本位币之间的汇率，而是取决于这二者复杂的结合。

我们已经确立了一条重要原理。不可能将白银价格视作纯粹产业上的，以便产业上的根据可以问心无愧地被声称作为对英国本位币相对于银本位国家汇率状况的解释。断言卢比汇率是高是低是因为伦敦白银价格是高是低，是错误的。英国—印度本位币汇率本身影响着这种价格，我们于是陷入了循环论证。

然而，仅仅通过英国与白银国家的本位币汇率来解释伦敦的白银价格，则同样是错误的，因为显而易见的是，产业状况同样起作用。但是，产业上的缘由在决定白银价格时，比那些源自本位币汇率的因素要弱一些。大海海岸线上的高度主要受潮汐影响，但在很小程度上也受到风的影响。

假设只考虑金本位的英国和银本位的印度这两个国家。白银的价格在伦敦被固定在60便士。现在在市场上出现了愿意每盎司59便士出售一定数量白银的卖方。这种廉价白银的买方会将其转变为卢比，并将它作为支付手段提供给印度。如此一来，卢比汇率便会些许下降，但由于它是在国家总体上决定，因而并不仅仅取决于这些人以更低的价格购买白银，而是取决于上千种其他的以及之前的情况——它们依然具有影响。汇率也许会少许下降，但不一定从60降至59便士。

当白银卖方出于产业上的原因可以获得每盎司61便士时，情况是类似的，因为有买方愿意支付这个价格。这种高价格将导致一定数量的卢比被熔化。卢比汇率或许将少许上升，但不是升至61便士，因为还有许多其他原因起作用。

那些想象卢比汇率遵照白银价格（无论是59还是61便士）的人，将本位币汇率设想为仅仅取决于金银市场，这种错误，对于那些持有本位币汇率的国家总体观的人而言是不可能出现的。

面对上千种与白银交易并存的其他交易，卢比汇率几乎不受前者影响。

问题取决于由金银交易当中的特殊机会所引发的交易，与完全与之无关的、数量上大很多的交易这二者之间的相对重要性。认为前者不重要而予以忽略，并且声称白银价格产业上的波动的确时有发生，但它们却没有强大到足以影响印度的汇率，在掀起一点涟漪之后会马上消失，这种看法几乎总是正确的。伦敦白银价格基本上取决于印度本位币汇率。

如果我们记住，除了印度外，还有其他国家也是银本位，例如1871年前的德国，那么我们便可最有效地得出这一结论。在这种情况下，如果由于白银产量增加或产业当中白银使用增加，白银价格因而暂时上升或下降，那么便会引发如上所述的那种白银交易。但是，虽然它们以前影响的是与印度之间的国家总体上的关系，但是现在它们影响的则是与印度和德国之间的关系。如果它们在之前都几乎没有什么影响，那么现在就更不用说了，它们所制造的涟漪几乎都无法被注意到。

我们从英国白银价格下降至59便士或上升至61便士这一假设着手，得出英国—印度本位币汇率马上便吸收了这一波动，并没有受到多大干扰。

然而，伦敦白银价格与英国和白银国家之间的本位币汇率更加紧密相关，因为来自产业上的原因所致的价格上升至61便士或下降至59便士这一简单的假设是不可取的。该情况总结如下更为恰当：

只要除了具有金本位的英国之外，还有以固定价格无限制地将白银吸收纳入其货币的国家，例如1893年之前的印度或1871年之前的德国，那么白银就总是可以在白银国家以它们的本位所表示的固定价格出售。例如，每磅白银都可以转化为30泰勒。这种情况是决定伦敦价格最为重要的因素，因为白银自由铸造的国家作为买方绝不会拒绝购买，并且其价格也绝不会改变。

出现在伦敦市场上任何数量的白银，都可以以它们的本位所表示的固定价格售往白银国家，例如1磅纯银30泰勒。因而伦敦白银价格下降至每磅纯银30泰勒以下是不可能的。而另一方面，它不可能远高于30泰勒，只要有可能从德国获得泰勒，因为1磅纯银包含在30块这种泰勒币之中。

但现在的问题在于白银在伦敦到底值多少钱——不是以泰勒表示，而是以便士计量。很简单，这依据德国—英国的本位币汇率决定,即由国家总体上决定。伦敦的白银价格因而几乎总是英国与白银国家之间本位币汇率的反映,只要邻近有这么一些国家;并且这还缘于以下事实,即白银在这些国家享有货币的地位,而并非像铅或锡那样单纯是商品。

假如白银产量大幅增加,白银价格并不像其他金属在相同情况下下降那样下降,但是白银价格却由于英国本位币汇率对白银国家的相应影响而间接被压低。

如果白银的产业消费大幅增加,那么情况将与之类似。那样的话,价格并不会像其他金属在相同情况下上升那样上升,但却会通过英国本位币汇率的相应变化对白银国家的影响而间接上升。

白银生产或消费的改变,确实会影响伦敦的白银价格,但不是像那些与货币无关的金属那样直接影响,而总是通过本位币汇率这种间接的方式产生影响。伦敦的价格由国家总体上决定;并且,诸如白银生产或消费增加这样的产业状况,只有在它们与整个复杂的国家总体上的变化共同作用下才会有效。

黄金的情况则完全类似。当黄金在某些国家可以以固定价格自由铸造,那么在其生产增加时,该金属便会被贮备起来;而在其消费增加这种相反的情况下,它便会从储备中提取出来。

白银与黄金之间的价格比率,因而与铅或锡的情况不同,它并非直接取决于这两种金属各自的产业生产或消费。这两种贵金属之间的价格比率,首先被认识到的是其对黄金国家与白银国家之间本位币汇率的影响。然而,本位币汇率并不完全取决于那些影响,而是取决于无数其他情况。文明国家金银储量的改变,因而并不直接决定白银与黄金之间的价格比率。黄金产量增加不经过任何中间环节,直接压低黄金相对于白银的价格,这种说法是不正确的。问题在于黄金产量增加是否使黄金国家的货币相对于白银国家的货币走弱——这有时发生，或者在于白银产量增加是否压低白银国家的货币——这同样时有发生。

但是，最重要的是要记住，政治情绪可能提升或压低黄金国家的货币相对于白银国家的货币，以至于贵金属的价格比率会在这些金属的产业用途没有出现任何变化的情况下受到影响。

大约在1850年及以后，加利福尼亚的黄金产量出现了大幅增加。由此认为黄金与白银的价格比率将会如现实情况那样以不利于黄金的方向发生变化，是很自然的。人们声称，有了更多的黄金，而白银供给却不变；从白银国家的角度来看，黄金因而自然而然会变得更加便宜。

但是众所周知，澳大利亚和非洲黄金产量随后更大规模的增加，从白银国家的角度来看，却并没有使黄金变得更加便宜。人们可能会说，原因在于白银生产相应上升了，或者白银消费相应下降了。这一定是那些想仅仅通过生产和消费来解释白银与黄金价格比率的人的看法。这种看法完全是基于产业上的考量，对此我们提出以下问题来对比我们基于本位币之间汇率考量的不同看法——"加利福尼亚的黄金能够压低英镑相对于德国泰勒或印度卢比（的价格）吗？"

让我们假定加利福尼亚所有新出产的黄金都被运到英国，并以每盎司3英镑17先令9便士的比率兑换为货币。它被交付给银行，银行以银行券支付这一固定价格。将"数量理论"（quantity theory）奉为圭臬的人感到心满意足；他称英国货币不成比例地增加了，因而与白银国家的货币相比，其汇率处于不利地位。但我们并不认可这种仅根据货币数量所做出的推断。一定会有一些确切的买卖交易压低了英镑相对于白银国家的货币的价格。可能发生如下事情。那些将新出产的黄金换取英国货币的人肯定会将其用于投资。英国的利率对于他们而言也许太低了。在1871年之前,德国具有更高的利率,可以通过购买德国国债享受这种高收益率。因此产生了对这种德国出口商品的需求,而这倾向于稍微提升德国的银币,正如任何其他新出口的商品将会导致的情况一样。英国金币于是会相对于德国银币而稍微走弱。我们并非声称事实就是如此,而只是断言这些交易是有可能发生的,并且以上所指出的影响只能由这种新的交易产生,否则本位币汇率就不可能改变;但是,这种改变了的本位币汇率,却立刻改变了这两种贵金属的价格比率。这就是我们的"交易理论"(business theory)。

显而易见,与黄金国家英国并存的白银国家越多,那么以这种方式所产生的本位币汇率的改变便相应越少。因为这些新产生的交易的影响必然在所有这些白银国家当中散布开来,该影响是在它们作为一个相连的整体时形成的。它就好像一定的力被施加于较大质量的物体之上,因而导致比之前更少的干扰。

1871年之前贵金属所谓的价格比率之所以波动如此之小,主要原因便在于当时具有银本位的国家更为广泛。

大约在20世纪50年代末,当白银价格相对于黄金上升时,伦敦的白银价格为62便士,而之前的价格通常为$60\frac{1}{2}$便士。现在我承认加利福尼亚增加的黄金产量对此有影响;但我补充一点,即该影响必定通过相应压低英国与白银国家本位币汇率的交易活动所致。然而,必须记住,与黄金生产无关的交易,只要它们改变了汇率本身,就会在改变贵金属的价格比率中起作用。我们可以给出以下实例。[1]

1857年印度反英暴动迫使英国在印度开展长期战争。其中涉及的大量支出,引发了对卢比的巨大需求,而它不得不用英国货币

---

[1] 来自艾尔斯塔特(Ellstaetter)和海恩(O. Heyn)。

不惜成本地购买。这催升了卢比汇率,并且,以固定比率兑换为卢比的白银也随之变化。卢比汇率上升,其原因并非在于白银价格上升,而是因为当卢比变得更贵时,白银随之走强。

因此存在两种完全独立的环境在起作用。加利福尼亚的黄金生产引发了买卖交易,从而压低了白银国家的英国汇价;印度暴动造成的交易,提升了印度银币相对于英国金币的价值。这两种环境作用方向相同——黄金价值相比于白银下降。白银国家的居民谈论起黄金走弱,而黄金国家的居民则议论起白银的走强。然而,变化的数量与近代相比并不大。白银价格从 60½ 仅上升至 62 便士,因为银本位广泛盛行。只要有与诸如英国的金本位国家并存的银本位国家,贵金属的价格比率就主要是黄金国家与白银国家之间的本位币汇率的反映。该汇率由国家总体上决定。贵金属生产和产业用途上的改变,通过产生某些新的交易——它们增加了产生总的国家总体上的效应的数目——从而间接影响本位币汇率。但是除了这些以外,与金银生产和产业用途无关的交易,同样会对贵金属所谓的价格比率产生影响。

尽管如此,我们还是认为,贵金属的价格比率是一种对外比价现象,只要有白银国家与黄金国家并存。对外比价指的是"涉及本国与外国之间的汇率变化"。这些金属的生产和消费只有在它们制造了在对外比价上有所影响的交易的情况下,才会发挥作用。

1871 年以后,特别是自 1876 年以来,伦敦白银价格从 60½ 几乎毫无停歇地下跌至 23 便士这一如此之低的水平。伦敦白银价格的这种下降可以在对外比价上予以解释吗?

让我们记住,德国、斯堪的纳维亚、荷兰以及法国(1876 年)均转向了金本位。这意味着银本位国家非同寻常地减少了,特别是考虑到该问题并不是它们与黄金国家之间贸易关系的范围问题,而是程度问题。每个人都认为银矿出产的白银数量在当时上升了。这可能会产生压低白银价格的倾向,但条件是这种倾向必须在对外比价上自我表现出来。但是,如果我们不考虑这种产量的上升,那么这种现在将予以阐明的观点将变得愈加鲜明。

法国、德国和斯堪的纳维亚这些重要国家转向金本位,致使当地的许多白银通货过剩,而在那之前它们一直是本位币。虽然它们转为过剩,法国却并未将其五法郎银币作为银块出售,德国也保留了泰勒。为简便起见,让我们假设所有这些国家都保留了它们的银币,只是让它们承担不同的功能,即变为辅币。如果这样的话,这种向金本位的转变便不会向市场上抛出任何白银。

我们再次简化了事项,但总是针对我们自己的情况起见。我们希望表明为何伦敦的白银价格跌落如此之深,并且不予求诸白银生产以及废弃不用的银币出售增加这一事实的支持,虽然它们显然都有所影响。

在我看来,抛开这些附带原因是可以理解为何伦敦白银价格出现了暴跌。

任何人将白银带入伦敦市场,比如说在 1890 年,都能够将其兑换为印度卢比抑或墨西哥比索(我们暂且不考虑远东)。他因而将获得至少与相当于以便士表示的卢比或比索价格同样多的每盎司便士数。这确定了其(价格)下限。曾经有段时间出现过泰勒汇率(1871 年之前)、法郎汇率(1860 年之前),以及简言之,所有银本位国家的汇率。而如今却只有英国—印度以及英国—墨西哥之间的汇率,形成了白银卖方的(价格)下限。

卢比汇率和比索汇率自 1876 年以来本来就会下降,即便在白银生产或废弃的银币出售没有增加的情况下也会如此。这就是我的论点。

印度卢比和墨西哥比索自1871年,特别是1876年以来,便因为国家总体上的原因而走弱。这已被1893年的事件所证实。印度造币厂于是不再接受白银自由铸造。在造币厂关闭之时,卢比汇率大约为15便士。它并没有因为这一行为而上升,而是依然保持在15便士这一水平,甚至下降至12—13便士。我们必须正视这一事实,这对于那些预设该下降是因为更为廉价的白银自我涌入的作者而言,是意想不到的。而我们却不像他们那样感到惊诧,因为我们认为卢比是由于国家总体上的原因而走弱。如果这种原因依然继续存在——我们必须予以证明——那么印度造币厂关闭为何要提高卢比的汇率呢?它没有上升是毋庸置疑的;也正是因为这个原因我们得出以下结论,即卢比的走弱并不是由于白银变得廉价而拖低了卢比,相反,伦敦的白银价格从1871年到1891年期间以及之后的下降,是因为卢比汇率出于国家总体上的原因而下降。伦敦白银价格随之变化,是因为卢比汇率总是为其确定了下限。由于这种价值的(下限)限度降低了,所以白银的价格也随之下降。

然而,在此我们必须简单地描述一下英国与印度之间的国家总体上的关系。在早期,从印度暴动开始,英国被迫大量购买印度货币。它们不得不不惜任何代价购买数以百万计的卢比,于是卢比便上升至2先令(24便士)。而在第二个时期,这种迫不得已已不复存在。自1893年以来,盛行的正好是相反的情况。印度政府每年被迫以卢比购买大量英国货币。英国货币需要被用来偿付印度国家债务的利息——它们大部分以英镑表示,需要被用来偿付铁路外债的利息——也是以英镑表示,以及需要被用来支付英国官员们的退休金——同样以英国货币支付。为了满足这些需要,必须不惜一切代价获得英国货币。印度政府每周三以招标的形式出售卢比汇票,不时获得15、14、12便士的卢比标价,可能偶尔还获得16便士，但从未达到过 20 便士——依然少于 24 便士的卢比价格。这种状况解释了卢比汇率，它迄今为止依然低于过去美好时期的 24 便士。印度政府希望重新回到那种美好时期，因为它已不再购买卢比而是出售它们。

当然，这只是决定印度汇率诸多事实中的一种，但它却是最重要的，因为其他不足以强大到抵消它。印度持有极少英国国债藉以从中获得利息支付。它也不足以向英国出口来平衡其英国进口。除了政府行为问题之外，印度还需要提供卢比来支付英国商品。鉴于卢比与英镑之间不存在固定的平价，其汇率取决于国际收支，而印度在这方面处于不利地位。[1]这解释了卢比便士价格的走低，以及伦敦白银的低价。所有这些都是在伦敦市场不存在白银生产或废弃银币出售增加这种问题的情况下发生的。这个简要考察似乎证明了——就概论的范围之内所能充分证明而言——单单国家总体上的状况便充分解释了卢比汇率的下降。不过仍有其他决定因素起作用。

在第一个时期，当卢比汇率上升时，该上升相比于第二个时期的下降非常之小。现在我们获悉了这种鲜明差异的原因。在第一个时期，大约从 1857 年到 1871 年期间，除了印度外，还有许多白银国家，例如德国、法国、斯堪的纳维亚和荷兰。当时卢比汇率的上升意味着对其他白银国家货币的需求增加，因为它们可以轻易地兑换为卢比。如果英国政府为卢比出价 24 便士，而不是 22 或 23 便士，那么它便可以满足其对法国、德国或斯堪的纳维亚货币的需求，而无须出价 25 便士甚或更高。

而在第二个时期，情况则与之不同。我们提及的国家由银本位

---

［1］ 1905 年。

转向了金本位。印度继续用卢比购买英国货币，失去了以前在这些国家所获得的支持，或许只剩下墨西哥与之为伍。它无法获得德国、法国或荷兰货币（汇率几乎不受影响）借以购买英国货币。这些减轻卢比走弱的手段已经消失了。正是这种白银国家数量的减少，造成了卢比的走弱产生比之前大得多的影响，并导致伦敦白银价格在第二个时期从 60½ 便士暴跌至 23 便士，但在第一个时期却从 60½ 便士只微升至 62 便士。

在墨西哥第二个时期，情况与印度类似。它持有黄金国家货币表示的国家债务和英镑表示的铁路外债、大量来自金本位国家的进口以及相对较少可供出口至欧洲的商品生产。墨西哥因而不仅无法声援印度，相反，其自身的比索汇率也正如卢比汇率一样，由于国家总体上的原因而下降。

除非印度和墨西哥能够提供某种条件使金本位国家的居民来购买它们的商品，卢比和比索汇率才有可能重新上升——即在没有政府干预的情况下自行上升。

黄金与白银之间的价格比率，同样受到法国复本位制，或更确切地说，法国支付政策的影响。凭借于此，法国时而站在白银国家一边，时而又与黄金国家为伍。人们通常认为，根据 1803 年的法国宪法，这样一种转变可以自动进行。的确，它是无心中、不经意间进行的，因为当时据说国家只应当关心其自身的财政利益，而不应关注商业利益。仔细观察之下发现，国家要想从白银集团转向黄金集团，或者反过来，从黄金集团转入白银集团，它必须做出深思熟虑的决定。因为整个事情的关键在于其银币还是金币被作为本位币；而这需要向国家偿付处所，包括法国银行（Bank of France）发出行政指令。可以想见，国家在进行决策时应从其财政利益出发，但这并非势必就如此，它可能让贸易政策上的原因所主导，并承担由此带来的财政损失。

一直到 1860 年,法国都将其银币作为本位币,最后的由中央向外的支付是用最终性的银币通货来完成的。只要这个得以延续,法国就属于当时非常庞大的白银国家集团。但正如我们所看到的,由于英国一直为白银出价更高,其中就包括法国本位币(高达每标准盎司 62 便士),法国于是开始将其最终性的黄金通货作为本位币。现在变为辅币的银币于是便立刻在法国获得了贴水——它们成了一种出口到英国的商品。因此,这便为英国开辟了丰富的白银供给来源,从而防止了白银价格的进一步上升,并对伦敦白银价格产生了抑制作用。

这是法国货币政策的确有助于稳定白银价格的时代。虽然人们并未予以注意,但这却同样在其他时候发生过,因为它需要做出将金币作为本位币这一深思熟虑的决定——该决定获得通过最初只是因为它在财政上是有利于法国的。

后来,在 1871 年之后,或者更确切地说,在战争的侵扰结束且德国走向金本位之后,该状况有所改变。源自国家总体上的原因,伦敦白银变得比之前更便宜,法国从而本来可以重新将其银币作为本位币。这样做在财政上将会相当有利可图,但是,出于贸易政策考虑,法国却并不愿重新加入白银集团。1876 年,白银的自由铸造因而走到了尽头。在此之前一直被视作理所当然的钟摆的摆动,自此不再发生了;复本位失效了,法国不再抑制白银市场。

著名的法国复本位的"稳定作用"(stabilising influence)只是曾经奏效过。当第二个机会降临时,法国自愿放弃了这种手段的使用。

现在我们似乎已经发掘出复本位理论当中所实际蕴含的一丝

真理。

基于当时流行的本位币汇率平价,即根据它们商业实力的权衡,印度和墨西哥不久也将走向金本位。它们之后将不得不有意识地采取深思熟虑的举措来维持所选取的平价,它们也许会成功。

如果白银以后某个时间在远东失去其本位币地位,那么就不再有任何银本位国家了。到那时,也只有到那时,伦敦白银价格才与铅和锡的价格一样,由完全相同的方式来决定;白银的价格将完全与货币制度无关。但即便如此,从历史的角度出发,基于当时被设想为由纯粹的产业原因所决定的流行的白银价格,来解释黄金国家与白银国家之间本位币汇率的早期波动,也总是错误的。这是一种异端邪说,在未来或许将匪夷所思。

第十四节上　对外比价管理

我们的货币依照法律在国外并不具有有效性。这个命题适用于我们的各种货币,包括本位币。正如我们所看到的,按照本位币这个概念,它不可能在国内作为一种商品使用。

那么我们的本位币(就我们的目的而言唯一重要的)在国外有什么价值呢?只要我们将外国视作在货币上完全独立,我们的本位币就可以依据持有者所选择的用途而具有两种价值。

持有者可以从质地上使用该货币物。那样的话便只有该硬币的材质和重量被予以考虑。如果该货币物是纸质的,那么无疑便没有这个问题;但如果它是由铝制成的,那么它便可以作为这种金属片块来使用,当它由白银或黄金构成时也同样如此。或者,持有者也可将该货币交给货币兑换商,然后他们会考虑到借由该货币可以向德国支付这一事实。该货币物因而在国外拥有了对应于所谓的本位币之间汇率平价的价值，而货币兑换商会相应地出价。汇率平价并不固定，但货币兑换商却会确定一个价格以防止自己遭受损失。

这两种价值的估算并非兼而有之。它们不能彼此叠加，因为它们是相互排斥的。持有者可以选择任一用途，并且他会选择更有利可图的那种。我们的本位币在国外所具有的价值，因而是由这两种估计量——质地上的与支付上的——当中的更高者所赋予的。此处支付上的判断同样是商业上的，因为货币兑换商"投机"；他一点都不知道当他将该货币送回发行国时，交易所的价格将会是多少。交易所未来的这种价格取决于未来的状况，包括这种货币有利可图的使用。货币兑换商如果没有依靠某种直觉来感受于此，那么他将会是一个非常糟糕的商人；他能否用语言来表达这种直觉无关紧要。因此，他所要求的小笔酬金，不仅是因为他兑换了该货币，而且还是作为对他承担风险的一种补偿。两国本位币之间的汇率并不存在理所当然的平价，只要我们从它们各自的货币制度着眼单独考虑其本位。然而，有时却有国家支付政策，将确立这种平价作为其目标，并且还有行政行为来予以实现。我们称之为对外比价管理，它不同于两国国境之内的本位政策，它是新鲜事物，它是间断性的，并且可以对一国国内本位政策不产生任何影响。国家对外比价干预，只有在那些高瞻远瞩并且有能力实施的国家才能找到。以下众所周知的举措，第一次被纳入一个普遍的原理之下。

两个给定国家之间的本位币汇率，在最初并没有国家方面的对外比价干预，而是取决于交易所供给和需求的自由作用，它是这种较量的正当竞技场所。

决定干预的国家进入该竞技场而发挥力量，试图人为改变供给与需求的关系，直到达到目标才罢手。接着请注意，对外比价控制以交易所的方式和手段行事，而在这方面对外比价管理与实际存在的原质比价管理有一定的相似之处。就原质比价管理而言，国家希望赋予某种金属在国内以固定价格，但只是对国家的客户而非国家自身而言。这一目标通过国家扮演该种金属大型交易商的角色而得以实现；它以固定价格无限量买入（原质托住），并以固定价格无限量卖出（原质展现）。只要国家能够这样坚持下去，该金属其他交易商的努力就是徒劳，而其价格将会保持不变。然而，国家必须胜过所有其他交易商。只有通过压倒性的实力，才能确立国内的金银价格。

对外比价控制的情况与之类似。国家必须足够强大到压制交易所所有其他交易商。有时它必须支撑无力的供给，有时又不得不支持疲软的需求，并且要想成功维持本位币之间的汇率在固定的平价水平，它还必须势不可挡、所向披靡。这是一个关乎经济实力的问题。

但另一方面，对外比价控制却又明显不同于原质比价控制，因为它们的目标大相径庭。原质比价控制旨在确立金银的价格，并且所确定的是以本国本位币所表示的价格。而在对外比价控制中，欲确定的并非金银的价格，而是外国本位币在交易所以我们自己国家的本位币所表示的价格。原质比价控制面向的是金银交易，而对外比价控制则涉及的是国际汇兑。欲确定价格的标的完全不同，而只是方法相似；国家在这两种情况下都有意干预，以依靠其非凡的实力来确定该价格。

为了解释对外比价控制——当它存在时——我们区分了两大主要情况。首先，让我们假设两国的货币均是物质性的，并且双方的原质金属相同，不管是黄金还是白银。如果两国都具有相同的原质托住，并且出于简化考虑，假定两国本位币都是正统型的，那么双方便有铸币平价，并且这种平价被正确地或错误地视作两国之间的天然平价。

由此观之便产生了英国与德国之间的平价，如果在交易所英镑所值的马克数正好对应于 1 枚新的苏弗林或新的 20 马克货币的含金量。

有这样一种观点十分盛行，即当两国具有同种原质托住时，本位币平价一旦消失，就能自动重新自我确立。这种观点有道理吗？

可以看到，该平价可能消失，德国—英国汇率可能低于一方或另一方的平价。这个事实对于所有阅读报纸外汇专栏的人而言，都是非常熟悉的，但对于货币金属主义观而言，却是令人费解的。对于货币国定论和汇率国家总体观而言，这种对平价的背离则是易于理解的。

假使出现这种背离，英镑在柏林交易所的报价并非 20.43，而是比如说 20.50 马克。如此一来，将德国金币送到英国按照铸币平价转换为苏弗林，便会更有利可图。德国金币因而被送往英国，直到已完成对英国的大笔款项支付——它们在到期临近之时引发了对英国货币的这样一种需求。柏林英镑的高汇价于是就会迅速消失。

如果相反，英镑在柏林交易所的报价远低于平价，那么英国人很可能会将自己的金币送到德国，而不是在交易所购买昂贵的德国外汇，因为它们可转化为 20 马克金币；柏林英镑的低报价于是会很快消失。

因此，大家认为平价会自动地自我恢复，因为在紧急情况下，人们总是能够通过运送他们自己的货币来获得外国货币，以专门用于完成国外到期的大笔款项支付。

此处我们无意于讨论从以下意义上来予以解释的数量理论，即一国的货币减少了,另一国的货币增加了,而这便重新确立了平价。这样一种看法简直粗俗而无知。

汇率的这种"自动"调节非常具有启发性。这里不存在任何对外比价管理的问题,因为其自行发生,无须任何特殊安排。在金属比价管理本位的情况下,向同一金属转变经常会被予以推荐,其理由在于本位币汇率的自动调节会即刻发生。

然而,该自动调节是否总是起作用,却非常值得怀疑。以上所述似乎是对汇率仅在波动短暂且不大的时候——它们无疑通常是如此——是如何自我矫正的正确描述。国际借贷的决定因素众多而又复杂,以至于它们表现在本位币汇率之上的总效应,就其初期阶段而言并不会遭受突然的改变。政治情绪只具有次要的影响,不过当它出现时,受其影响的是交易所。在和平时期,所有这些都无足轻重,而本位币汇率似乎只是易于遭受轻微的波动,可以自动纠正。但是让我们假定出现以下无法从一般性考察中排除在外的情况,即国际收支永久性改变,例如因为一国出售其所持有的属于另一国的证券,或者由于一国发现了其他供应来源而不再从另一国进口某种制成品。这便破坏了本位币汇率的自动调节。

本国货币向外国货币的抵消性出口,因而会变成长期性的。可出口的货币存量于是会出现短缺。如果有一个高度发达的银行体系,那么这种情况会通过银行券的兑换,即通过银行现金储备的逐渐减少而显现出来。银行很快就会察觉到危险,并试图公开采取各种举措来维持其现金储备。实际上,它的确防止了储备耗尽,但这些举措背后的动因却截然不同。它是对外比价管理的一个实例;所采取的举措就是为了结束本位币汇率与平价之间的长期性偏离。然而,这种干预却表明,自动性调节并非总是有效。

即便就如我们所假设的那样,两国具有相同的原质托住,比如像英国和德国那样,干预也是有必要的。那么这些对外比价控制的举措是什么呢?它们各种各样。最有名的是,银行在通过提高其利率而使票据贴现和抵押贷款更困难的时候所采取的举措。因此,更少的银行券被予以发行,并且更少的银行券会因之而被提取兑现。同时,外国投机者会被鼓动而将其资本投入其中,以期从此更高的利率中获益。通过这种方式,有意的干预可以在德国与英国之间的汇率低于平价的时候,制造某种创造英国对德国货币需求的局面。然而,汇率的低落状态,源自英国并不想要德国货币这一事实。通过德国银行的干预,过去缺乏的需求被人为地创造出来——这就是依靠对外比价干预。并且,该汇率很有可能重新回到平价,它并非自动实现,而是通过有意的干预。

这种干预不可能在没有牺牲的情况下实现。那些从银行那里贴现票据或获取贷款的商人承担了该损失,表现为他们利润的减少。如果通过这种方式,本位币汇率重新成功达到平价,那么这绝不是自动实现的,而是因为银行的干预。它改变了面向客户的交易条件,并创造了英国对德国货币的需求。最后一点对于我们而言似乎最重要。保护银行储备只是附带的小事,它是被银行行长大力强调的一种附带现象。该银行真正的目的在于使德国—英国汇率恢复到平价水平。与此同时,汇率平价的重新确立消除了危及储备的根源。来自法国的例子会使这一点变得更为清楚。在法国,银行通常在保护其储备的时候并未重新确立其失去的平价,甚至根本不打算这么做。因此,对于银行业十分重要的储备的保护,并非我们关注的要点。失去的平价并非通过它来予以恢复。因而它本身并不是一种对外比价控制举措。相反,提高票据贴现率和贷款利率才是对外比价控制举措,它们产生了保护储备这种广受欢迎的间接效果,但它们自身却绝不仅仅是银行业监管。

现在让我们假定有待管理本位币汇率的两个国家具有不同的本位，例如英国具有金本位，而奥地利在1892年之前并非金本位。这些国家可以出于货币改革考虑，确立对外比价控制来维持平价，但在这种情况下不可能冒出自动调节的想法，并且也不用提高贴现和贷款利率。我们来看看以下三个例子。

I. 维也纳的奥匈银行（Austro-Hungarian Bank）决定将伦敦汇率维持在自1892年以来所锚定的平价水平——10英镑等于119基尔德。但是由于国家总体上的原因，该汇率出现了波动，并且呈现出明显的不利于奥地利的变化趋向（变至120、121、122基尔德）。自动的矫正不可能出现，因为黄金在奥地利并非本位币，国库券和银行券才是（1892年）。以下是所选取的方法，我们特意对其举措稍微展开详述。

该银行自1894年以来利用其部分资金购买了大量伦敦汇票，并在它们到期时填补这一缺口。由于该银行并非为了盈利而是出于对外比价控制的目的，因而它会不惜任何代价购入这些汇票。它有时会获利（如果该汇率偶尔有利的话，比如说118基尔德等于10英镑），但更多时候是亏损。一旦该汇率向不利于奥地利的方向变动，它便准备在119基尔德等于10英镑这一平价水平出售这些汇票。显然该银行因为这个交易而蒙受损失，除非其汇票储备始于更有利的时期购入，而这个却鲜少发生。该银行作为一家营利商业机构，本不可能采取这种举措，因为它违反了所有商业规则。然而，它是作为一家对外比价管理机构行事，履行其行政职能，目的在于抵消不利的外汇行情。如果该汇票储备十分庞大，那么那些想要购买英国外汇的商人，便从该银行在平价这一水平获得了充分的供应。在这种情况下，汇率自然而然会从120下降至119基尔德，即该银行在伦敦出售该汇票的价格，该目标因而得以实现；该汇率处于平价水平。该银行的行为是一种有目的的旨在于恢复平价的反投机行为,在国家总体上予以实现,正如它一如既往的那样。与正常情况的唯一差别在于,国家总体上的状况并非任由无序的个人利益瞎玩,而是依靠一只有组织之手安排,随时准备并有能力特意改变它们。这种干预自然需要牺牲,在这种情况下它由该银行承担。对于这些损失,该银行如何安慰自己是它自己的事。

可以预见,汇票的不利价格或许可以通过长时间地采取这种方法而成功化解;除了该银行的干预外,只有一般性的国家总体上的状况有所改善,该银行才有希望弥补损失。这在比如说英国汇票可用 118 基尔德买到时发生。如此一来,银行便低价买入,一直等到它可高价卖出。然而,该银行却无法自行实现这种有利的事态转变,只要它仅局限于我们以上所描述的方法。也许,把汇率平价格外挂在心上的国家,会对该银行予以支持。那样的话,国家便会自行承担该损失,要么部分要么全部承担。它可能发放贷款,平价的重新确立于是便以纳税人为代价而实现,他们将为此支付利息。

II. 在德国常用的方法之下,当平价依靠提高票据和贷款利率予以恢复时,该负担被转嫁到开展这种业务的银行的客户身上。必须始终要有人来承担该负担。两国并没有其自身无须对外比价管理便可保障汇率平价的货币制度。

III. 第三种对外比价干预,由俄国财政部在 1892—1894 年期间实施,以期稳定卢布在柏林的汇率。[1]其目标在于,柏林的卢布应当维持在 2.16 马克这一平价水平。为此俄国提供大量德国和俄国货币给柏林一家著名银行公司自行支配,并给予以下指示:(1)一旦

---

[1] 参见卡尔克曼(Ph. Kalkmann):《瑞士货币体系调查》,瑞士圣加仑州,1900 年,第 89 页。

卢布在柏林下跌至 2.16 马克以下，银行就要以 2.16 马克的价格购买所有卢布；（2）一旦卢布在柏林上涨至 2.16 马克以上，银行就要以 2.16 马克价格出售卢布。如果该银行可支配的两种货币的储备足够庞大——事实也的确如此——这种有意的干预就会抑制可能产生自其他国家总体上的状况的所有波动。在此情况下，其汇率之起因同样依然是国家总体上的；只不过，有意的且有力的影响被加之于其他国家总体上的状况之上。显而易见，此处的汇率维持同样会产生损失。俄国必须交出大量德国和俄国货币而无求奢望从中获取利息。也许它只能通过贷款的方式才能实现，从而不得不为此支付利息。因而该负担便落到了纳税人身上。即便在每种情况下，柏林卢布的波动只是交替上下变化，且仅持续了很短时间，也会有代价和牺牲。

然而，看起来俄国卢布汇价似乎一般坚守在 2.16 马克以下，因而该银行持有的德国货币储备会逐渐减少；如果该举措想要延续下去，那么该储备就必须不时地予以补充。因而为此目标而投入的资本不仅必须不计利息地在柏林储备，而且还必须有所补充。

俄国财政部承担了该损失，并将汇率维持在平价水平，这无疑是出于自身的正当理由。为了减少损失，只有一种办法：必须说服德国增加它们对俄国货币的需求，也许通过进口更多的俄国商品；或者必须劝导俄国减少对德国货币的需求，也许通过发展其自身的产业。只要与俄国财政部不相干的国家总体上的状况并未发生改变，那么对外比价干预能否最终成功便是值得怀疑的。不要跟我说，一旦俄国将其新的金币卢布作为本位币，即将其钞票兑成新的金币，一切就会安好。也许这会使本位币汇率变得更易于调控，但这也只是更改了问题而已。俄国只有在不取决于财政部的国家总体上的状况如此演变，以至于合意的平价在没有对外比价干预的情况下产生时，才能维持从前引入的比价管理的金本位。如果不是这样，那么即便是比价管理的金本位的维持也要求有所牺牲，而平价的维持则有赖于不断增长的债务。俄国应当转向一个比价管理的金本位以便更容易地维持其本位币汇率平价，因而是个不靠谱的建议。其问题正好相反。没有财政部的帮助——它非常不确定——俄国只能获得与1卢布等于2.16马克这一汇率平价联系在一起的比价管理的金本位，如果两国国家总体上的关系成全的话，而它则取决于整个经济发展。

在没有对外比价控制的情况下，两国之间的本位币汇率取决于当时的国家总体上的状况，它们可以说是无规律地起作用。这并不意味着该汇率与决定性权力无关，而是意味着双方政府机构只是放任该本位币汇率自行其是，而并没有确立任何固定的目标，或者做出任何牺牲去维持它。

我们在奥地利与俄国之间的汇率中找到一个这样的例子，当时两国都处于不可兑换的纸币制度。因而两国都没有能力（从而也没有意志）去为奥地利—俄国汇率确立一个平价并予以维持。显而易见，此时两国之间并没有由事物之本质所决定的平价。回想起奥地利的银币基尔德和俄国银币卢布，对于平价而言并无任何帮助，因为两国均不打算恢复旧有的货币状况。最多认为过去有一个平价很可能被予以恢复，但这些只是毫无意义的伤感的回忆罢了。问题在于国家机构是否确立一个平价，并在行政上予以实施，而事实却并非如此。因而并没有平价，而且也没有对外比价控制。

如果回顾过去，我们就会看到，所谓的汇率的自动调节，只有在与之相关的两国具有相同的金属比价管理的货币制度下才有可能实现；并且即便在此情况之下，也只有那种短暂且不剧烈的上下波动才能如此抑制。在所有其他情况下，广泛的对外比价管理是必要的。这些举措总是由那些货币低于平价的国家发起，并且只能在付出一定的代价的前提下付诸实施。最重要的举措是：(1)提高贴现和贷款利率；(2)通过一家银行提供外国货币，以平价水平出售；(3)依靠国家自己提供外国货币，以平价水平出售。在第一个实例中，损失由那些有意于低利率贴现和贷款的人承担；在第二个实例中，负担被转嫁到银行身上；在第三个实例中，则是由国家承担。

所有这些举措，虽然它们哪怕在面对大规模长时期汇率低落时也仍然可能有效，但其效力却是有限的，因为它们毕竟包含着损失，需要财力来承受。

汇率之命运终究还是受制于国家总体上的状况。其货币低于平价的国家，从长远来看只能通过加强其相对于他国的商业地位，而不是仅仅依靠改变其货币制度来拯救，因为它是个关乎实力的问题，而不论一个更好的货币制度能否予以维持。既有好的刀剑，也有差的刀剑，但一个身体虚弱的人并不会因为接受建议获得更好的刀剑而有所助益，如果他的手臂太过无力而无法挥舞它的话。

第十四节下　共货币国定主义

从对外比价控制的思路和方法中我们可以得出，其目标不过是长期稳定所选取的两国之间的本位币汇率平价。这个目标在两国具有相似的原质比价控制时更容易实现，但这种相似性并非必要，也尚不充分。

还有一种经常被尝试的安排。我们称之为"共货币国定主义"（synchartism）。一旦该安排在两国之间予以建立，它便承诺在它们之间带来稳定的本位币汇率。此时将会有某种货币为它们共同使用，该货币由"货币联盟"（monetary unions）带来。其最著名的例子是"奥地利—德国货币联盟"(Austro-German Monetary Union),以及由法国和一些邻国(瑞士和比利时)所构成的所谓"拉丁货币联盟"(Latin Union)。

在1857年的奥地利—德国货币联盟中,泰勒被宣布作为共货币国定的(synchartal)货币,即这种硬币将在各个联盟成员国作为强制性的最终性货币使用。在拉丁货币联盟中,有两种货币被视作共货币国定的——5法郎银币以及10和20法郎金币。它们在该联盟各个成员国中都是强制性的最终性货币。

在这个体系之下,该共货币国定的货币带有发行它们的国家的印记,但每个国家都将这种由他国发行的共国定的货币视作如同它自己的货币。没有什么要比这更简化旅游的了,因而这种安排十分受欢迎。但是,共货币国定主义本身就创造了联盟成员国之间稳定的本位币汇率吗?众所周知,不是。在瑞士,尽管共货币国定的货币可以往任何方向汇出,但法国法郎却往往高于平价。这看起来很自然,进而被认为是理所当然。因此,声称共货币国定主义总是稳定汇率,实际上是不正确的,虽然在许多情况下它使得稳定变得更加容易。

在奥地利—德国货币联盟中,泰勒这种共货币国定主义至多在1858年11月和12月期间稳定了汇率。但从那时起到1867年联盟的解体,它并未朝那个方向产生丝毫影响,也并未被期待会产生如此影响。整个安排源于无知,并引向错误。因为共货币国定主义对共国定的货币为所有联盟成员国所"接受"这一胜利的果实而沾沾自喜,它们被跻身于国家货币。共国定货币在任何情况下都会被国家偿付处所所接受,并且通常被强制用于非指向中央的支付。

但是,它们在货币当中的确切地位却没有予以规定。共国定货币币是辅币还是本位币呢?条约对此没有明文规定,专家并不知道其差别。然而这一点却十分重要。如果共国定货币在联盟一个成员国中依然处于普通的辅币地位,那么共货币国定主义便可能对本位币之间的汇率没有影响。在奥地利,泰勒依旧是辅币,银行券和国库券是本位币,它们与德国之间的汇率遭遇剧烈的波动。

在瑞士,有时各种银行券只能兑现为5法郎银币,因而这种银币是本位币;而与之同时,也许在巴黎,法国银行券则被兑现为金币,因而金币是本位币。这两种货币的共国定货币性质无法稳定本位币之间的汇率。

在共货币国定条约中,最重要的一点被遗漏了。该共国定货币是辅币还是本位币并未确定。这似乎有一个简单的补救办法。应当在所有条约中补充一项条款,规定共国定货币如果只有一种的话,就应当被所有联盟成员国作为本位币。但如果不止一种的话,就应当在条约中规定,必须共同选择一种作为本位币。如此一来,共货币国定主义便有助于本位币之间汇率的稳定。但实际上却是假设这在奥地利—德国货币联盟中是如此安排的。奥地利当然会签署该条约,事实上在当时她也确实书面表达了其良好的意愿;但是这个具有独创性的条款,却不会产生丝毫影响,因为选择泰勒或基尔德银币作为本位币,是奥地利感觉到自己无法胜任的工作,纵使该条约中有上百条条款。没有货币联盟能够强迫一个国家在所有情况下都保持这种或那种货币作为本位币,如果它意味着损失的话。

它并不是国家的联盟,而是所需的国家的本位的联合,关于这有多少可能性,读者可以亲眼看看。因而共货币国定主义对于本位币之间汇率的稳定而言,是无足轻重的。

相反,它产生了一个新的现象——共货币国定货币贴水,它不同于我们至今脑海中出现的基于金银交易的国内贴水和专货币国定的（idiochartal）货币的对外贴水。

正如我们所看到的，国内贴水只有辅币才有可能产生，并且，如果国家被视作完全独立而无所属，那么国内贴水只是金银价格所带来的结果。然而，如果一国通过其共货币国定货币与他国结盟，那么情况就更复杂，但是只要我们有方便的术语，便相当容易理解。

同时是共国定货币的辅币——在奥地利是泰勒，在意大利是 20 里拉金币——可以通过两种方式获得贴水：(i) 由于其金属锭的价格；(ii) 来自其在联盟另一成员国中充当支付手段。

这样贴水便可以首先以我们所描述的方式产生，即完全取决于金银市场。另一方面，贴水——价格高于该金属锭的效力——可能因为本位币之间的汇率容许而产生。这在奥地利这一例子中显而易见。在 1859 年之后，已成为辅币的银币基尔德所具有的质地上的贴水（其银锭的贴水），完全可以用白银市场的行情予以解释；因为银币基尔德并没有进入共货币国定体系。与之不同，泰勒在一开始也是作为银锭而具有贴水。但它现在获得了另一种贴水，因为它在德国是本位币，并可以在那作为支付手段使用。第二种贴水产生自本位币之间的汇率；德国货币在奥地利交易所的价格，在 1859 年已变得高于 1858 年年末的水平。因而对于奥地利泰勒的贴水而言，有两个原因。其中较弱的原因没有影响，因为持有者总是会选择两种潜在利润中的较高者。从这一点看来，存在第三种贴水。如果一国的辅币对于他国而言是共国定货币，它就可能获得贴水，其条件是外国盟国的本位币之间的汇率走高。这就是共国定货币贴水。

意大利 20 里拉银币的贴水总是以这种方式产生，虽然其双重可能性并不像奥地利的泰勒的贴水那么明显。这最好地解释了以下这个奇怪的事实，即专国定货币的奥地利银币基尔德的贴水不同于且少于泰勒,泰勒的贴水竟然是相同金属含量基尔德的 1½ 倍。然而,没有"共货币国定主义"以及"辅币"和"本位币"这些概念,这一事实是不可能予以解释的。货币金属论让我们在这种现象面前束手无策。

第十五节上 稳定汇率作为终极目标

让我们回到那些对外比价管理的举措,它们乍看之下似乎只是保卫央行的铸币储备,正如 1905 年的英国与德国之间一样。对于这些国家而言,本位币之间汇率的小幅波动会相互抵消。只有在面对持续一定时间的波动时,才需要特殊的对外比价管理措施,并且它们被那些感觉到自己的央行储备遭受威胁的国家所实施。它们在某种程度上看起来像是遭受威胁的国家的原质比价管理措施,或者更确切而言,表现为意在维持原质展现的措施。这个目标通常是唯一被注意到的,而以下这一事实却被完全忽视,即该措施是管理本位币之间的汇率的一种间接方式,因而是有关对外比价的。如果我们所有文明国家都具有相同的本位币原质比价管理,那么对外比价管理措施便会总是看起来像是在保护其储备。因此,如果金本位普遍实行——银本位也差不多如此——那么并不是因为金银这些金属的属性,而是因为原质比价管理的相似性。当本书首次创作之时(1905 年),所有人都期望金本位会扩展至所有最重要的文明国家。这种措施的确令人向往,因为它有助于对外比价控制;并且可以说,选择黄金而不是白银作为原质金属所提供的便利,只是历史的偶然。

金本位的普及,因而终究是源自对外比价方面的原因。一旦这种原质金属被那些在商业上最强大的国家所采用(1871 年),不那么强大的国家就只得加入。然而,如果那些强大的国家采用的是银本位,那么对外比价上的原因同样会断然为银本位的广泛引入负责。

复本位的热烈宣传事实上是对外比价上的,至少对于那些理解了货币的票券性的人是如此。无疑,顽固不化的货币金属主义者认为,应当有金性和银性货币——别的都不行,即不应有自主性货币,这是自然规律。这太幼稚了,但是却有更明智的复本位制主义者,他们大致是这么认为的:的确有大量金本位国家,同时也有大量银本位国家。介于他们之间的是复本位的法国。由于迫不得已的原因,它时而站在银本位国家一边,时而又与金本位国家为伍,并且其行为每次都加强了那些在国家总体上处于劣势的集团的势力。只要法国保持足够强大,这种制度便有助于支撑黄金国家与白银国家的本位币之间的汇率,并且将其维持在1803年法律当中有关这两种金属的原质规范所规定的平价水平。任何持有这种观点的人,都因为对外比价方面的原因而建议采用复本位制。

其他复本位制主义者希望将这种货币制度引入所有文明国家。然而,由于没有"本位币"和"辅币"的概念,他们并不清楚地理解行将流行的本位币之间的汇率关系。但至少这些是可以确定的,即他们期待稳定的本位币之间的汇率,然则谁又会从中受益呢?金属本身对此毫不在乎,而金矿和银矿的所有者不应当具有主要发言权。因而即使是最严苛的复本位制主义者,事实上也会被对外比价上的考虑所牵引。最近引入的货币变迁的依据何在呢?

不得已而产生的改变在此不做考虑。拿破仑时代的英国、1870—1871年战争期间的法国以及1859年以来的奥地利,之所以将自主性货币作为本位币,是因为面对财政危机它们别无选择。

但是,为何法国在大约1860年采用金本位,为何它在1876年没有转向银本位？这两次举措每次都似乎是因为"迫不得已"的原因。[1]然而,该建议是在1860年被遵从的,而不是在1876年。因而起决定性的并不是"迫不得已",而是别的东西,而它只能是稳定与重要邻国——英国和德国本位币之间的汇率这一目标。因此,其原因是对外比价上的。

德国在1871年开始转向金本位,只是因为无意识地模仿英国——一个当时被视作一种经济模式的强国。只是在回顾中通过班贝格尔的影响,才令其更深层次的原因为众人所知,那就是稳定与英国的本位币汇率。该原因因而是对外比价上的。为何奥地利在1879年当"外部妨碍"似乎如此指向时,却并没有回到银本位？为何它在1892年制定法律直指金本位？所有宣称的理由要么是虚构的,要么就完全从属于一个动机——稳定与金本位邻国的本位币之间的汇率。在这里对外比价上的考虑同样是决定性的。

英国转向金本位的原因从来未被充分解释。但我确信无疑的是,英国的行为却并非源自对外比价上的原因,因为在18世纪当它在商业和资本方面享有无可争议的领先地位时,它只需动一下手指头,便可使其货币适应于任何其邻国的货币。英国当然没有这么做,而是总在原则上予以拒绝。强者坚持自己的立场,弱者改变自己的立场。英国一旦拥有了金本位,便成为强国的典范,因为它是最强大的。正是因为其他强国出于对外比价上的理由,希望与她达成稳定的本位币之间的关系,金本位才得以传播;它是实现对外比价控制目标最简便的方法。

本位币汇率因而是选择本位的指导原则,只要没有强迫问题。然而,所在意的并不是所有本位币之间的汇率,而只是确立与在商

---

[1] 国库的积聚。参见以上第二章第十节第177页。

业和资本方面具有领先地位的强国的汇率。所谓对外比价政策,我们特指的是稳定与具有领先地位的外来强国之间的汇率。

英国没有这种政策,因为它本身就是具有统治地位的强国。但是,所有奥地利的改革,却只能通过它对西方强国的依赖予以解释。

金本位自1871年以来的广泛扩张,只不过是首先通往英国,之后遍及整个西方强国的一条出于对外比价上的考量的路径。

如果英国在1871年具有的是银本位,那么那些邻国还是会对它有所依赖,而这会意味着银本位的广泛扩张——如果容许我们有所夸张的话。如果一个具有银本位的国家在1871年具有英国那样无可争议的领先地位,那么该国甚至可能会促使英国去效仿它,因为该国在当时会是领导者。在1871年以后扩展开来的并不是金本位本身,而是英国的货币制度,之所以是金本位,可以说是纯属偶然。

"假如那样的话,黄金本身在本位选择时就相当无关紧要了吗?它只是历史环境的问题吗——当时(1871年)环境有利于黄金?"如果货币金属主义者提出这个问题,那么货币国定主义者就只能这样回答:"是的。"所有中等和较弱的国家,都出于对外比价上的考虑,要么走向金本位,要么希望这样做。英国对所有的货币变更建议都充耳不闻,因为它无须费心于对外比价管理措施。兵役制度也同样如此。如果最制胜的国家具有的是普遍义务兵役制,那么其邻国也必然具有这种制度,因为它们隶属同一个战场。英国置身事外,因为它并未加入欧洲大陆的战争。然而,如果欧洲国家想要着手于全球范围的政策——世界政治(Weltpolitik),那么它们就必将效仿英国的海军;并且,如果英国选择建造铁制轮船,那么它的对手也必将选择造船的"铁本位"(iron standard)。

280　　**第十五节下　铸币供国外使用，非铸币供国内使用**

　　另一个普遍现象，总是与金本位的扩张相伴出现。我们的货币变得越来越多种多样（polymorphic），并且，越来越多那种之前被视作唯一适当的货币逐渐淡出，尽管未被废弃不用。它们就是铸币，或者依据我们体系的表述，物质性正统型货币。相比于不符合规范的货币（非铸币），它们在国内的流通量越来越有限。我们此处着眼的，只是那些将某种铸币形式作为其本位币的国家。如今，这在大多数情况下采取的是金性正统型形式。在所有这些情况中，除了被作为本位币的铸币外，还出现了大量作为辅币的不符合规范的货币；并且，这种辅币如此显而易见，以至于断言它在实际流通中占据支配地位，看来几近是正确的。

　　这种状况并未影响对外比价安排，因为这些仅与本位币相关，而我们假定它们保持的是铸币形式。

281　　不符合规范的货币（非铸币）在国内流通中所占据的支配性地位足够引人注目，需要予以特别解释。我们首先摆出有关英国、法国和德国的事实。[1]就英国国内流通而言，用苏弗林这种铸币本位币支付并不占有支配地位。不超过40先令的小额支付，可以用众所周知的不符合规范的辅币来完成。[2]然而，2—5英镑的较小额支付经常用苏弗林完成，不过却优先选择支票转账支付。它是一种支付形式，而不是货币，更不用说是铸币。对于5英镑及以上的大额支付，支票常常被使用，但银行券同样被使用，而它们是不符合

---

　　[1]　在战争之前。——英文译者注

　　[2]　"不符合规范的"货币差不多是"票券"，参见以上第二章第七节第123页。——英文译者注

规范的货币。如果在大额支付的情况下,债权人想要苏弗林,即铸币本位币,那么他要自行去获得这种货币,即就大额款项而言通过兑现他所收到的银行券来获取。如果在英国存在一种不符合规范的货币,如此零碎以至于可以用它们来完成 2—5 英镑之间的支付(在 1914 年之前并非如此),那么苏弗林在国内流通中的使用便会更少。大额款项的接受者后来将它们兑成苏弗林,这样做只是因为他们考虑到苏弗林在英国国外的使用。

法国的情况与之类似。小额款项用小面额硬币支付。对于大于 5 法郎的支付则用 5 法郎银币来完成。这两种货币都是不符合规范的货币。金币这种铸币本位币,则用于不超过 50 法郎的支付,即(在战争之前)用于低于银行券最小面额的金额的支付。对于更大金额的支付,银行券这种不符合规范的货币被选择使用,并且在这种情况下也由债权人自行将它们兑现为金币本位币(如果他愿意的话),但通常他没有这样做。

类似的情况也发生在德国。以前小面额硬币仅限于小额支付,如今(1905 年)它们可以被用于多达 20 马克的支付金额——不符合规范的货币的大幅扩展。对于超过 20 马克到高达 100 马克金额,最常见的支付手段(1905 年)是金币,即我们的铸币本位币,不过却常常被支票所取代。从 100 马克到上几百马克,支付通常以银行券完成,它仍然是不符合规范的货币,但转账支付同样被使用。[1]甚至公共偿付处所也效仿它们的支付,只是不用转账支付。需支付 1 000 马克的出纳员想当然地认为顾客想要银行券,并礼貌而随意地问道:"你也想要金币吗?大约要多少?"这并不是因为他拒绝提供金币,而是从他的经验得知,顾客会满足于不符合规范的

---

[1] 参见以上第二章第八节下。

货币，并且只有在顾客明确表示想要的情况下才会拿出金币。

如果不符合规范的零碎货币（fractional money）可以用于这样一种金额，以至于较小额度的支付可以用它们来完成，那么所有这些将看得更清楚。在德国有小面额的20马克和50马克的国家纸币[1]，但非常少——事实上如此之少，以至于想要它们的客户在1905年并不总是能够获得。显然立法者的意图在于，不应当有不符合规范的货币被用于那些中等额度的支付；但发生的却只是，人们偶尔因看到铸币本位币而感到欣喜。促使铸币本位币在国内流通中扮演真正重要的角色却并没有发生。它几乎被抛弃而让位于不符合规范的货币，并且完全抛弃它几乎不会产生任何影响。本位币依然是铸币，但就国内流通而言，它基本上已被不符合规范的货币所取代。

然而，之前铸币本位币是打算用作国内流通的，比如说在英国当银币是本位币的时候，并且对于引入小面额铜币这种最普通的不符合规范的货币，是几经犹豫的。当英格兰银行成立时，其银行券过了很长时间才在流通中赢得一席之地。

该转变无法按照货币金属主义者的方式，被解释为一种逐渐的退化。而货币国定论可以毫不费力地予以解释。所有货币的票券属性变得愈加显而易见，其必然的结果就是，对于国内流通而言，不符合规范的货币是充足的。无疑，不符合规范的货币包括贵金属圆片，例如小面额银币，或者法国和德国的银币通货。这里白银的质地上的使用，只是历史遗留下来的，与不符合规范性（notality）并不冲突，因为这是从其谱系状况认知的。至于银行和国家凭证，其不符合规范性是显而易见的。

---

[1] 国库券，偿付处所的凭证。

这些国家始终正确地坚持铸币本位币，这并不是为了国内流通，而是因为对外比价控制因此而变得更简单。铸币因而长期以来只具有对外比价上的意义。它是诸多用来稳定本位币之间汇率的手段之一。它因而履行的是高度重要的职责。但是这些备受赞誉的铸币，对于国内流通的重要性却逐年下降。让我们观察下在奥地利自1892年以来发生了什么。大量金币被铸造，显然将被用作铸币本位币。但是，它们并不是通过由中央向外的支付而被注入流通，而是被关在国库"堡垒"里，而纯粹的不符合规范的货币却被用于国内流通——银行券、国库券以及业已成为不符合规范的货币基尔德。甚至还产生了一种新型的不符合规范的货币——依据1892年法律规定的白银零钱，以及一种新的10克朗票券——它虽然无可指摘是以准备金作为支撑，但却依然是不符合规范的。旧的国家纸币因为其不受欢迎的"出身"（产生自1866年战争期间），越来越被废弃不用；然而，它们并非被铸币本位币所取代，而是被其他具有无懈可击清白"出身"的不符合规范的货币所取代。

在奥地利，不符合规范的货币显而易见是国内流通所选择的货币，这要比其他任何地方都表现得更明显。不过该做法却被以下事实所掩盖，即许多种不符合规范的货币是金属货币，并且其中许多还始于1857年的体系。它们当时是铸币，但如今已经不再是了——普通人并没有注意到这个事实，也并不打算加以注意。如果铸币本位币是否在国内流通中被使用举足轻重，那么这将会是不可饶恕的欺骗。但事实上，它却无足轻重。国家票券式体系并不需要它。

或许有人会反驳：奥地利依然（1905年）处于过渡状态，1892年的货币改革要到金币克朗被投入流通之后才宣告完成，旧的和新的银行券都一样会被兑现为金币克朗的那一天不可能遥远，那样的话，金币于是会成为铸币本位币。

这似乎有可能发生，但只是源自对西方模式的机械模仿。如果有人问我的看法，我会说："坚持不符合规范的货币用于国内流通。即便是在西方它也很常见，并且还可以普遍使用。为什么中等额度支付应用铸币本位币完成，而不符合规范的货币却被用于较小额度以及更大额度的支付呢？"有人可能会提出反对，认为那样的话我们便会偏离1892年伟大改革的目标。为何如此大量地购买黄金，为何铸造如此多的黄金通货，其数量足以一举兑现所有现有的国家纸币？

但是偏离已然发生。当政府意识到自己好事做过头了，便创造新的不符合规范的货币，而不是将金币投入流通的时候，黄金储备几乎没有被铸造成20克朗、10克朗金币。

为什么旧的国家纸币被抛弃，到头来被其他国家纸币所取代呢？其原因尚不十分清楚。痛苦的回忆纠缠着1866年战争时期的国家纸币不放，人们认为这些国家纸币是当时赤字的罪魁祸首，但事实上，是该赤字产生了这些国家纸币，而不是这些国家纸币产生了该赤字。对国家纸币的厌恶，因而源自历史上的过分敏感。根据流行的观点，如果铸币本位币取代1866年的国家纸币，那么奥地利的货币体系就会极大地改善；但是如果它们被其他同样是不符合规范的货币所取代，那么又得到了什么呢？的确很少，因为银币基尔德圆片是一种非常贫乏的材质。然而，人们却更喜欢白银圆片这种不符合规范的货币——源自历史上的偏见，因为它们见证着过去1857年的体系。所有的改革立法都掺杂着历史上的好恶——对于不符合规范的银币的喜好，被其财政上的功用所强化，因为它容许财政部保留大部分新的金币。这已被现实所完全证明，但它是对1892年改革初衷的隐秘偏离。该指责的只是这种隐秘，而不是这一政策——因为政治行为基于偏见有何不可呢？——但责任却落到了理论家头上，他们基于站得住脚的理由散布这些偏见。

保留银币基尔德作为通货是正当合理的，这是因为不符合规范的货币足够用于国内流通，而不是因为它由白银构成。国家纸币也可以如此。要是白银价格有一些大幅上升的希望，出于支付政策考虑，保留银币基尔德可能是合理的。

总之，就国内流通而言，不符合规范的货币几乎随处可见，并且很容易居于主导地位。

另一方面，就对外贸易而言，国家本位币采取铸币形式可能是有益的。最便利的本位币种类是金性正统型形式，该形式存在于英国、德国，常见于法国，并计划在奥地利实行。它有助于保持这些欧洲国家——以及我们或许还可以加上美国——本位币之间汇率的稳定，即正如我们以上所述，服务于对外比价之目的。

承认国内流通不需要铸币，似乎与我们以上有关辅币的风险的说法相矛盾。具有负的贴水的辅币可能会将本位币从国库中驱逐出去，并造成辅币的积聚[1]。

如果现在本位币是铸币——我诚心推荐——那么不符合规范的货币就全是辅币，甚至最高级别和最重要的货币种类也会获得负的贴水。这可能会产生以下忧虑，即它们会在国库中积聚，驱逐本位币，以至于在这个世界上具有最强意志的国家也会在一段时间之后完全无法进行铸币支付。要如何避免这种危险呢？考虑到这种可能性，我们还敢赞成不符合规范的货币在国内流通中的广泛使用吗？毋庸赘言，这难道不就意味着，国家只有在它总是促进铸币在国内流通以及国外使用的情况下，才能继续进行铸币支付吗？倘若

---

［1］参见以上第二章第十节。

它收到的只是非正统性货币,它又如何能支付正统型货币呢?

这些疑虑适用于没有科学的支付管控的体系。所有国家偿付处所被认为都同样在忙于收款和付账,这事实上是它们的工作。如果没有其他偿付处所,那么辅币积聚的危险会十分严重。但是可能有其专门业务便在于兑换辅币与本位币的国家偿付处所。我们将这些称为本位(Standard)偿付处所。在德国,担当本位偿付处所是德国国家银行的职责之一。它随时准备对各种各样的货币进行相互兑换。它用本位币换取各种各样的辅币——德国国家银行的银行券、小面额的国库券以及各种小面额硬币和泰勒——并且会反过来,接受本位币,用辅币予以交换(1905年),尽管一般不会如此。

其他偿付处所可能偶尔这么做,但一般而言不会这样做。它们理直气壮地拒绝承担该项职责,并只有在它们必须收款和支付的时候才考虑支付手段。它们并不保证对各种货币进行相互兑换。我们已具备的那种特殊的本位偿付处所,是高度发达的支付管理的一部分,并且还是不符合规范的货币的普遍性使用要想没有危害地进行的必要条件。让国家以如下方式来安排支付。普通国家偿付处所用辅币支付,但要保证接受者可以向本位偿付处所申请以该辅币换取本位币。鉴于我们假定本位币是铸币,比如金币,这便意味着普通偿付处所不用金币支付,而是用辅币支付,而债权人则可在本位偿付处所兑换金币。国家不论在何种情况下,也不管自身付出何种代价,都得提供金币。如果它付尽了所有储备,就必须通过黄金贷款筹集更多金币,意即通过支付利息来为自己获得黄金。本位偿付处所的黄金储备无疑必须不受侵蚀,即它们不能用于任何形式的国家支出,而只能从事于如此兑换。

为了限制黄金用于小额支付,提供便利的零碎形式的不符合规范的货币——如德国的20马克——是有好处的。这会减少100马克以下黄金支付的使用,并将使国家更容易将黄金保留于本位偿付处所。当然,无论是从技术意义上,还是从谱系层面上,不符合规范的货币都只能由国家创造,因为鉴于国家承诺通过其本位偿付处所无限量地予以兑换,它自然绝不能容许反正统型货币的自由制造。在我们的例子中,造币厂必须停止铸造银币,不是因为白银是白银,而是因为它并非本位币的原质金属。

私人银行发行的银行券无须被排除在外,因为可以强迫发行的银行将它们兑现为本位币。

我们所构想的这幅图景源于生活,除了省却一些不重要的细节。至少在德国(1905年)几乎完全得以实现。德国国家银行开始担当本位偿付处所,只需告知其他国家偿付处所停止用黄金进行大额支付;它们的客户如果想要黄金,总是可以到德国国家银行获取。

我们的金币应当用于本国的中等金额的支付,这种观点在我看来,虽然无害,但却是错误的。如果我们的不符合规范的货币以便利的零碎的形式发行,它就不会产生。因此,反正统型(即不符合规范的)货币在国内流通中占有如此重要的地位,并不是货币的退化。它实际上意味的是对我们支付手段票券属性的认识的增进,并且它将铸币释放出来服务于对外比价上的目标,由本位偿付处所为那些需要它的客户保存。[1]有了这些特殊的偿付处所,就不必再遭受国库"堡垒"中的积聚。

然而,理论家必须得考虑极小的可能性。他并不是要推动某个宣传,而是要揭示我们流通的本质,从而探寻其基本原理。完全可以想见,这些对外比价上的目标可以在不使用铸币的情况下通过原质比价管理而实现。让我们假设在英国或德国没有铸币,在英国只

---

[1] 用于对外支付。——英文译者注

有以英镑表示的银行券，在德国只有以马克表示的德国国家银行银行券。双方都有本位偿付处所，我们将假定它们将银行券兑换为黄金，但不是铸币，而是按照重量计算的相应金额的金块。[1]在英国，任何提供1 869英镑银行券的人，都将收到40金衡磅(pounds troy)的标准金条，反之亦然。在德国，任何人如果提供1 395马克银行券，就会收到1磅纯金，反之亦然。这将是金银原质比价管理。无疑，它将不逊于使用铸币来实现原质比价管理的目标，以及实现对外比价管理的目标。因此，铸币即使对于国外使用而言也变得多余。但是，黄金的原质属性在两国却依然会被认可，而这是最主要的问题。黄金于是会成为一种非常重要的商品，但仍然只是商品，尽管不像其他商品那样，因为两国均会约束自己接受它，并且以固定的价格予以提供。黄金会成为一种原质商品，它不会被铸造，而是会以金条使用，或许不是在一般的交易中，而是在本位偿付处所——在那里原质金属条块会以固定价格买卖。无疑这将带来极大的不便，甚至是一种倒退；但显然它可以产生对外比价方面的合意的效果，并且该例子旨在于表明，铸币的生产可以全部废除，而原质比价管理却得以维持。

但是，原质比价管理也能废除吗？抛开私人利益，它只是在流通中重要，因为它有助于对外比价目标的实现。它本身并不像货币金属主义者所认为的那么重要。对于国内流通而言，它完全无关紧要。所有金属的价格——无论是否是贵金属——为什么不能被自由决定呢？那样的话，有组织的货币在国内依旧有可能出现。如果本位币之间的汇率没有原质比价管理也能确定，那么原质比价管理就会大大失去其重要性；事实上，它可以完全予以废除，至少在理论

---

[1] 正如1819年李嘉图的"金锭计划"(Ingot Plan)。——英文译者注

上是如此。请公众人物少安毋躁，即使这在理论上是正确的，也并不表示原质比价管理就应当予以废除，而只是意味着应当为其存在寻找别的理由。

基于一致的原理来解释所有货币现象，尤其是自主性货币的存在这一无可争议的事实，是货币国定论的使命。"货币"的概念因而必须如此构造，以便货币可以被视作产生自原质金属之外。该概念于是被予以拓展，但原质金属却仍然可用。它既不被排除在外，也不被视为必需。然而，如果它被认为是必需的，那么并不是因为没有它就不可能有货币，而是因为它有助于我们明了特别便利的那种货币。物质性货币之所以特别便利是因为，与原质比价管理联系在一起，它简化了对外比价管理。

原质比价管理只是达到更高目标，即实现对外比价控制和稳定本位币之间的汇率的一种手段。理论上，即使没有原质比价管理也有可能稳定本位币之间的汇率。只需要相关的两国选定某一平价，例如英国和德国可以商定——忽视零碎货币——1英镑将保持在20马克的平价水平。

当这样做时，英国的支付管理机构总是决定用1英镑交换20马克，而德国支付管理机构则总是决定用20马克换取1英镑。请注意，我们说的并不是交付苏弗林或双皇冠金币，而是本位币。而在我们的情况中，它有可能是不符合规范的，比如可能由不可兑换的纸币构成。我们并非建议如此，只是声称，它是可以想见的，并且只要维持这种安排，那么本位币之间的汇率便会稳定下来。

这将是独立于原质比价管理的对外比价控制。黄金价格将会像白银价格现在这样波动，因为我们假定黄金的原质比价管理将会被两国双方所摒弃。保持稳定的将会是本位币之间的汇率。让我们回想一下已讨论过的有关奥匈银行的对外比价管理。如果该银行不惜任何代价购买英国汇票以便以固定价格出售它们,那么原质比价管理就变得不再重要,因为该银行并不在乎英国是否具有物质性货币,而是购买汇票作为对英国本位币的债权,而不论该本位币是什么。稳定俄国—德国汇率的安排同样如此。柏林银行公司以固定价格相互支付俄国和德国货币,它在这样做时,两国是否具有原质比价管理基本上无关紧要。这两种对外比价控制形式,因而基本上独立于原质比价控制。如果实际情况就是这样,那么没有原质比价管理的对外比价控制的可行性便为实践所证明。并且这还进一步产生如下结论,即对于国内流通而言无疑可舍弃的铸币形式的本位币,就对外贸易而言,同样可以在不影响本位币之间汇率稳定的情况下予以舍弃。

  理论上,这个结论非常重要。迄今为止,铸币形式的本位币及其附带的原质比价管理,一直在它使得本位币之间的汇率更容易稳定这一事实中获得主要支持;而如今它们却既可以在没有原质比价管理的情况下,又可以在没有铸币的情况下实现稳定。铸币因而已失去了其最后的支持,至少在理论上是如此。将现有的国家票券式体系与对外比价安排联系起来,本位币就无须是物质性的。如此一来,黄金和白银仅对于工艺而言是必需的;并且可以像铅或锡那样易于脱离支付体系。因此唯一需要的,就是具体构造出自主性货币体系。首先要明确的是,只有国家才能创造这种货币。接下来我们应考虑,国家应当遵守什么规则来约束自己行将创造的货币数量。然而,所有这些都并非迫在眉睫,因为该创新还尚未进行。但是要记住无须维持物质性安排而确保汇率稳定的理论上的可能性。理论家必须要得出这个最后的结论,并表明其理论所蕴含的整个广泛含义。

  货币并不受金属原质使用的羁绊,无论是在国内还是国外。所有金属既可以像水一样常见，又可以像氢一样罕见；在这两种情况下都仍有可能产生一种便利的货币，因为物质性货币虽然在实践中非常令人向往，但在理论上却并非必要。货币是法律的产物，并且最后即使没有原质金属，也可以继续存在，因为价值单位并不是在技术上，而是在法律上予以界定的。该法律确实仅在制定和维护它的国家的辖区之内才有效。但国家可以缔结条约，从而摆脱国界的限制；而这必须在物质性货币消失时实现，否则就不可能有稳定的本位币之间的汇率。

但是，让我们回到现实世界的坚实基础。并不是所有可能的或可以想见的事情都要予以推荐，理论必须指出哪种可能的选择最得当。这并不困难。当物质性货币依旧存在时，继续保持当然是最好的。在我们的文明国家集团中，最好是让黄金充当原质用途。特别是，最佳的途径应该是让本位币继续以铸币形式存在，正如现在的普遍做法那样，即使不符合规范的辅币满足了本国几乎所有的需要。原质比价安排最好保留其现在的形式。其理由是实用上的，与货币本身的本质无关。理论的职责便在于揭示那些恰好站得住脚的理由，这至少与驳倒那些站不住脚的理由一样重要。

站得住脚的理由便是对平价的信仰！本位币之间的平价本质上取决于权力机构的决定，正如我们在俄国的情况中所看到的，它将卢布稳定在 2.16 马克，而奥地利将其克朗稳定在 0.85 马克。该平价的选择可能有争议，正如在奥地利实际上那样。如果物质性规范的间接方式被选定，像在两国当中所发生的那样，那么为了自己的货币制度，国家便会约束自身遵守这一规范，从而得以维持该平价。货币金属主义的偏见于是会赞成维持政策。人们认为该平价产生自物质性规范（但事实却恰好相反，即物质性规范产生自选定的平价）。这个规范绝不能动摇，是货币金属主义的第一个信条。

如果让本位币以连同原质比价管理的铸币形式展现,那么一旦选定的平价便在政治上更容易予以维持。然而显而易见的是,如果我们出于对外比价方面的原因选择我们的货币,那么任何稳定本位币之间汇率的方法都是容许的,而各方最由衷赞成的方法便具有优势。如果它们愿意,政治偏见便可能登堂入室。每个人都知道,本位币之间汇率的长久稳定有助于贸易的开展。因此双方都渴望拥有它。那么为何那些较弱的国家总是更渴望获得它,甚至在许多情况下都准备朝着向上的方向进行本位的变更(正如俄国所做的),而不顾其中所带来的损失呢?这不可能是因为商业利益,而很可能是由于国家的财政利益。那些被迫从邻国筹集贷款的国家是"较弱的"国家。这个考虑在选择货币制度时非常重要。

例如,只要奥地利或俄国能够在国内筹集国家贷款,本位币之间汇率的稳定,比如说与德国之间,就似乎只是出于商业上的理由才可取。然而,如果这些国家依靠从德国那获得贷款,那么就必须考虑外国债权人。他们每年从中获得利息,并希望在自己的国家享用它。但是,利息无一例外都是以债务国的本位币支付的。债权人因而对本位币之间的汇率的稳定十分关心,从而可以知道该利息按照他自己的货币计量值多少。这样较弱的国家便有试图稳定本位币之间的汇率的强烈动机。

货币金属主义者给出了一个虽富有启发性但却是错误的解释。他们认为债务国不管在什么情况下都承诺以铸币支付利息。这只是偶尔正确。一般说来承诺的只是价值单位,并没有增加铸币支付的条款。然而,如果一个债务国不是用铸币支付,而是用反正统型货币支付,货币金属主义者就会认为它破产了。破产发生在债务人停止支付之时,显然这里并非这种情况,因为它支付了,虽然的确不是用铸币,而是用反正统型货币。这种反正统型货币依然还是行之有效的，如果该债权人确实生活在该债务国，即如果他是该经济体系的成员的话。然而，鉴于我们假定该债权人在国外，所以他无论如何都承担着重大损失的风险，并感到遭受至少是部分破产之苦。这是以下事实的必然结果，即货币是票券式支付手段，作为一种制度，其功效仅仅局限于创造它的国家。每个外国债权人都必然意识于此，并据此安排。它并不是一个不可收拾的恶魔，并且无须废除票券属性来除掉它。票券属性必须予以保留，而辅之以对外比价控制。这是较弱的国家为了它们的信用而应采取的路径。

对外比价安排，通常是从一个特定金属货币的采用或保留的角度出发来予以考虑的。这在本位币已然采取铸币的形式或打算将其与原质比价管理联系起来的时候，是完全正确的。如此一来，人们便可以名正言顺地谈论引入金本位，或在它已经存在的情况下保护它，因为讨论中的本位于是可以立即用原质金属的名称来描述。然而，如果问题在于一般性的对外比价安排，那么就没有必要选择原质比价管理这一间接的方式。较弱的国家为了稳定其与更强大的邻国的本位币之间的汇率而选择的货币，肯定不是按照原质金属来称谓，而是以意图稳定汇率的对方国家的名称来称呼。就奥地利（1892年）来说，其情况可以用以下更一般的术语来描述，即它与英国之间的对外比价关系被锚定，而这主要依靠选择黄金作为原质金属来实现。对外比价关系是主要目标，而选择黄金是从属手段。

本位币之间汇率的稳定，无法单靠国家票券式体系来达成，而只能连同对外比价控制来实现。这两个合在一起，构成了更广意义上的支付控制。货币金属主义者只注意货币的生产。货币国定主义者则不满足于此，而是提出对外比价控制这一辅助手段。对于他而言，货币的安排是国家行政的一个分支。他首先需要有意识的、一致的指导，以取代造币厂厂长和央行行长所建议的零碎的措施——他们具有良好的实用本能，但却不通晓任何理论。支付管理必须从这种经验主义当中脱离出来；在知晓自己的目标之后，它必须着手进行具有明确意识的行动，将其管理在法律上（de jure）专门托付给在过去切实（de facto）处理过这些问题的部门。

最重要的是，习惯法在该部门中至高无上这种陈旧观点必须终结。甚至所谓的公众意见，在这样一种复杂的事务中也是无关紧要的。我们不应当忘记，普通人无论生来还是死去都是货币金属主义者，因而无法判断我们的货币体系。国家最不应该被流通"现象"所左右，而是应当引导它们，其中处于复本位时期的法国"外部妨碍"的状况便是一个具有启发性的例子。国家必须始终成为其自身支付政策的主人，因而它需要一致的指导，这种指导只能来自中央部门（central office）。

货币金属论与货币国定论之间的巨大争论，可以总结如下：

货币金属主义者将价值单位界定为一定数量的金属。他并不理解"对外比价管理"这一概念。

货币国定主义者则历史地界定价值单位。价值单位因而成为一个其含义源自某个它所隶属的特定支付共同体的概念。不同支付共同体之间的关系的安排，是对外比价管理的职责。

对于肤浅的观察而言，1871年显得十分重要，因为它推动了金本位迄今为止前所未闻的扩展。银本位和复本位因而注定将灭亡。批判性的理论眼光看到的东西则截然不同。1871年给货币金属论以致命一击，并揭示了现代支付政策对外比价管理的本质。

货币国定论并非质疑金属在历史上和实用上的重要性，它给予金属以应有的地位。它是通向票券属性的桥梁，并且它依然是对外比价管理的一种辅助手段，尽管不是唯一的一种。

对于铸币形式的本位币的普遍偏好，是源自以下认识，即它在一定程度上支持了本位币之间的汇率,因为我们的货币如此一来便可以在国外使用,至少在质地上是如此。到目前为止,货币金属主义者都是正确的。

但是,货币金属主义者未能解释没有金属的货币制度。而货币国定主义者却毫不费力便解释了它们,它们是其理论的试金石。

专业术语索引[*]

A

Acceptation 接受，承认 95，155
Accessory 辅币 105 及以下
　piling of accessory 辅币的积聚 177
Agio and Disagio 贴水与逆贴水 156 及以下
Aerarian(from *aerarium*) 财政的（来自国库）187
Ametallodromic 非金属比价管理的 209
Amphibolic 语意不明确的，无定向的 47
Amphitropic 双面向的 48
Argyrodromy 白银比价管理 119，212
Argyrogenic 银性的 115
Argyrolepsy 白银托住，白银受领 119
Argyrophantism 白银展现，白银授与 119
Argyroplatic 银质的 71
Authylism 物质主义 7
Autogenic 自主性的 36，39，69
Autogeneity 自主(属)性，自主生成 37
Autometallism 金属主义 1，4，5

B

Bimetallism 复（金属）本位（制）115 及以下，189，196，201，212 及以下，249
Bimetallists 复（金属）本位（制）主义者 viii

C

Centric, epicentric, paracentric 中央的，指向中央的，无中央的 96 及以下
anepicentric 非指向中央的 97 及以下
metacentric 中心互应的 153
Chartal 票券(式)的，国定的 25，32
Chartalism 货币国定主义，货币国定论，票券主义 87，92，145，210，283
Chartalists 货币国定主义者，货币国定论者，票券主义者 53，61，64，71，76，88，144，279，301—303
Chartality 票券(属)性，国定(属)性 32，57，225
Chrysodromy 黄金比价管理 120
Chrysagenic 金性的 71
Chrysolepsy 黄金托住，黄金受领 120
Chrysophantism 黄金展现，黄金授与 120

---

[*] 各专业术语后面所列数字系英文原著中的页码，即本书中译本的边码。译者根据本书内容增加了一些重要的专业术语，并对原书页码做了校正。

Circulatory satisfaction 流通的满足 5,
7, 45
Conto 账户 146 及以下
Critical amount 临界金额，限额 99
Current 通行的，通用的 15, 20, 30,
101
    least current weight 最少通行重量
74, 88

D

Debtor and creditor 债务人与债权人 47
Definitive 最终性的 102
Denomination 计价、命名 23 及以下
Dromic 比价的，比价管理的 78

E

Epitrapezic 指向银行的 134, 135
Exactory 主动性的，坚决性的 194
Exchange-commodity 交换的商品 2 及
以下
Exodromy 对外比价管理，汇率管理 230
及以下
Ex-valuta 旧本位(的) 173, 182, 184—
185, 200

F

Facultative 许可性的 97
Foreign bills policy(*Devisenpolitik*) 对外
汇票政策(外汇政策) 262
Functional classification 功能分类 42, 94

G

Genetic division 谱系分类 42
Giro 转账，汇划 129, 145 及以下
Gold exchange 金汇兑 292
Gresham's law 格雷欣法则 161

H

Hylic 原质的 60, 61

Hylodromy 原质比价管理 78, 86
Hylogenic 物质性的 36
Hylogenesis 物质(属)性，原质生成 38,
90, 117
Hylolepsy 原质托住，原质受领 80, 121
Hylophantism 原质展现，原质授与 84,
121
Hyloplatic 原质材质的 73

I

Idiochartal 专货币国定的，独立货币国
定的 272
Inconvertible 不可兑换的 38, 48 及以
下, 53, 103, 139
Inter-political 政治间的 41
Inter-valutary 本位币之间的 216 及以下

L

Lombard 伦巴第，放贷 129
Lytric(可以)支付(手段)的，以支付手
段表示的，货币的 9, 11, 15
  —dealings 支付行为 17
  —debt 可以支付的债务 19—21
  —denomination 支付性计价、命名 23
  —form 支付形式 17, 49, 147
  —institutions 支付制度 17
  —metal 货币金属 21
  —name 支付名称 23
  —system 支付制度 12
  —unit 支付单位 16, 176
  —value 以支付手段表示的价值 9, 16
Lytrology 支付学，支付理论 37, 60
Lytrobasic 以支付手段为基准的 229
Lytron 支付手段 11
Lytropolitic 国家货币(政策)的，国家支
付(政策)的 225, 232

M

Marco 从量的 28, 29

Metallodromic 金属比价管理的 209

Metallism 货币金属主义,货币金属论 34,212 及以下

Metallists 货币金属主义者,货币金属论者 vi,8—10,30,34,53,58,61,64,71,76,94,112,128,143,144,164,190,206,211—215,230,275,279,283,293,299,301—303

Metalloplatic 金属质的 71,83,100,122

Metallopolic 金属体的 200,208

Means of payment 支付手段 2 及以下

Monargyrism 银单本位(制)114

Money(*Geld*)货币 38

Monochrysism 金单本位(制)114

Monometallism 单(金属)本位(制)114

Monotropic 单面向的 48

Morphism 形态主义,定形主义 27,30,38

N

Nominal 名义的 15 及以下
—debt 名义债务 14—16,39

Nominalists 名义主义者,名目主义者 8—10

Nominality 名义性,名目性 16 及以下

Norm 规范 61

Notal 不符合规范的 66,98,113,123,281,290

Novatory and restoratory 革新性的与恢复性的 194

O

Obligatory 强制性的 94,97

Obstructional 被动性的,迫不得已的 194

Orthotypic and paratypic 正统型的与反正统型的 66

P

Pantopolic 国家总体上的 222 及以下

Papyroplatic 纸质的 69,108,123

Par 平价 218 及以下

Pay community 支付共同体 134

Pay-society 支付团体 148,157

Pensatory 称重的,称量的 28,41

Piling up(*Stauung*)积聚 177

Platic 质地的,成分的 56 及以下,124,252

Poise(*schwebend*)平稳 194

Ponderal 称量的,称重的 28

Pragmatic 实用主义的 德文第一版序 vii,73

Proclamatory 公告的,依靠法令的 30,38,43

Public men 公众人物 1,49,91,113,143,215,293

R

Rationing(*Contingentierung*)定量供应 192

Real debts 真实债务 12,15
—payment 真正的支付 49
—satisfaction 真实的满足 5,7,45,213

S

Small change 零钱 99

Specie money 铸币 56,61 及以下,140

Specific 相对的 58

Stabilising 稳定的 251,274 及以下

Standard 本位 111,124,193 及以下
—pay-office 本位偿付处所 289

Synchartal 共货币国定的,共同货币国定的 269 及以下

U

Unit of value 价值单位 7 及以下

V

Validity(*Geltung*) 效力,有效性 21 及以下,31

Valuta 本位(性)的 105 及以下,165

W

Warrants(*Scheine*) 凭证(钞票) 69,71,95,137,282 及以下

译后记

本书是译者教学生涯第一部译著,也是国家社科基金青年项目"比较视野下的明斯基经济不稳定性思想研究"(18CJL004)和国家社科基金重大项目"世界货币制度史的比较研究"(18ZDA089)的阶段性研究成果。在本书即将付梓之际,回顾和总结这段翻译和研究之旅是一件令人愉悦而欣喜的事情。

初识克纳普的《货币国定论》要追溯到十年前的硕士研究生阶段。贾根良老师当时将译者引入"新货币国定论"这个引人入胜的领域。笔者硕士论文将该理论第一次较为系统地引介至国内,但因其"异端邪说"性,该理论当时并没有引起国内多少关注,直到最近才以"现代货币理论"(MMT)新面目流行起来。该理论正是对克纳普老的货币国定论在新的现代货币体系之下的发展。自然而然,笔者在研究的过程当中第一次囫囵吞枣通读了克纳普的这本英文原著,着重于其观点与新货币国定论之间的联系。还记得当时是从学校图书馆借阅这本1924年的杰作,虽年代久远,但因鲜少有人借阅,书倒保存得很好,看起来比较"新"。由于不忍在上面勾画做笔记,当时索性复印了一本阅读更为自在。

到博士阶段主要投入明斯基的经济思想研究之后,克纳普这本书便被束之高阁。直到五年之后笔者已毕业留校任教,2016年7

月2日由我们学院举办的第二届"经济与历史"学术研讨会才令笔者与该书再续前缘。当时我们邀请了复旦大学韦森教授做会议主旨发言,李(维森)老师当时正在研究货币的本质问题,发言的题目为"从货币的起源看货币的本质:一个货币制度史与货币思想史的回顾与展望"。还清楚地记得在会前的那场欢迎晚宴上,李老师向贾老师和笔者介绍了他当时正在着手主编一套"现代货币理论译丛"的翻译工作,并告知其中便收录了克纳普的《货币国定论》,但尚未找到译者。在得知我们好些年前就研究了"新货币国定论"后,李老师十分高兴,马上便询问笔者是否愿意承担这项翻译工作。虽然当时打心底里十分乐意,但笔者还是请李老师容后考虑几天。其主要顾虑在于,初读克纳普一书已是好些年前的事情,尽管对其核心观点了然于胸,但对其具体内容却印象模糊,加之贾老师提醒此书挺难翻译,于是担心自己力有未逮,"糟蹋"了这本杰作,辜负了李老师的重托。晚宴结束回去之后便急不可耐翻出几年前复印的那本书,经过两三天的研读和揣摩之后,笔者郑重向李老师表达了愿意接受这项具有挑战性的翻译工作。

本书翻译的挑战性并非在于其内容篇幅,而在于遣词造句。克纳普创造了许多全新的彼此相互联系的专业术语,它们形成了一种分类体系,构成了作者对货币的理解。因而,本书翻译的难点便在于在中文当中寻找与这些新的术语相对应的名称,准确而适切地表达作者的概念分类。为此,译者决定将本书翻译作为一项研究工作来对待,以尽其所能应对这项挑战。

自此译者开启了克纳普这本书的翻译之旅。原本计划2017年完成翻译2018年顺利出版,但因各种原因,该书的翻译到2018年4月完成,此后又历经波折,直到今天才和各位读者见面。在这段有些漫长的旅程当中,许多师友给予了译者大力帮助和热心鼓励。

韦森老师不仅将这本书的翻译托付于译者,一路关心本书的翻译进展,尽其所能推动本书尽早面世,而且通过邀请译者参与他主持的相关项目[国家社科基金重大项目"世界货币制度史的比较研究"(18ZDA089)、国家社科基金重点项目"货币与商业周期理论的起源、形成与发展"(14AZD104)]和组织的相关学术会议(国家社科基金开题会、上海货币论坛),为笔者深入研究克纳普的货币思想提供了得天独厚的平台。在此感谢李老师对晚生的信任和提携。

贾根良老师作为笔者的恩师,不仅将学生引入货币国定论这个领域,而且一如既往通过各种方式指导和支持笔者的货币理论研究。特别值得一提的是,在贾老师的领导下,形成了以笔者和兰无双博士、何增平博士、楚珊珊博士和李家瑞博士等组成的"现代货币理论"(MMT)研究团队,大大助力了本书翻译工作的顺利开展。

在翻译本书过程中,虽然主要依据英译版译出,但译者还参照和比对了由德文版译出的日文版。如在译者序言中所指出的,日译版要比英译版更早面世,它们均译自德文原版。因此,参照该译本进行翻译具有较大助益,尤其是克纳普新的专业术语的译法,虽然没有必要完全效仿日译名称。由于译者没有系统学过日语,只能通读查阅和求助他人。记得该译本同样借自学校图书馆,但它却比英译本更为破旧和有历史感。每每遇到重要的名词术语和段落,译者就会拍照向一些通晓日文或在日本留学的同学和朋友求助,请他们译出中文供译者参考。其中,中国人民大学的硕士王立同学和本科龚鑫颖同学助力颇多,在此深表感谢。

至于德语,译者则一窍不通,好在在一些学术会议上,译者有幸听得首都经贸大学杨春学教授、北京师范大学沈越教授和中国政法大学胡明教授这些德国历史学派研究的专家分享一些重要德语名词翻译的解读。这些学术会议包括中国社会科学院经济研究所主办的第一届经济思想史前沿论坛、云南财经大学主办的第十三届中国政治经济学年会、安徽工业大学主办的中华外国经济学说研究会第二十七届年会、西南大学主办的第八届全国马克思主义经济学论坛暨第九届全国马克思主义经济学青年论坛、中国人民大学经济学院主办的"经济与历史"学术研讨会等。感谢中国社会科学院杨虎涛研究员、胡乐明研究员，云南大学张林教授，复旦大学孟捷教授，西南大学王丰副教授等为译者提供这些高水平平台分享有关克纳普货币国定论的研究。同时感谢复旦大学马涛教授和高帆教授、上海财经大学程霖教授、中国社会科学院杨新铭研究员和胡怀国研究员、云南大学杨先明教授、浙江大学罗卫东教授、浙江财经大学张旭昆教授、哈尔滨工业大学杨志教授以及清华大学赵准副教授等在会上给予的宝贵建议和积极鼓励。

译者还将翻译过程中所形成的相关研究成果和观点发表在澎湃"货币与债务经济学"专栏、《金融博览》、《信睿周报》、《学术研究》、《政治经济学季刊》、《政治经济学报》、《比较》等媒体和报刊上，并在《财经》读书会、国家外汇管理局报告、北京理工大学人文与社会科学学院"高级政治经济学"课程等讲座中分享，在此感谢蔡军剑、朱广娇、吴洋、张超、李帮喜、张雪琴、吴素萍、臧博、杨骏、贾利军等编辑和老师们的大力支持和帮助。

母校及现在的工作单位中国人民大学经济学院为译者提供了一个自由施展自我的高水平舞台。前院长张宇教授重视经济思想史学科发展，为译者留校提供了难能可贵的机会。现任院长刘守英教授一直鞭策和鼓励译者的货币国定论研究。教研室主任黄淳副教授处处为晚生着想，既对译者的研究给予足够自由的空间，又常常不忘给予一些宝贵的建议和告诫。姚开建、刘元春、刘凤良、谢富胜、陈享光、陈勇勤、高德步、王珏、范智勇、赵峰等译者的老师，则以各种方式给予译者适时的支持和建议。财政金融学院的何平教授邀请译者参与其与货币相关的国家社科基金重大项目,给予了译者莫大的肯定和鼓励。

还有不少金融业界的朋友这几年一直在关心、询问甚至催促本书的翻译和出版,包括东方证券陈达飞博士、中国银行研究院周景彤博士、中国工商银行总行金融市场部周永林博士、万向区块链首席经济学家邹传伟博士。幸得商务印书馆责编王亚丽女士和已经离职的谷雨女士的辛勤工作,他们终于等到本书面世,可能等得花儿都谢了吧!

最后,要感谢我的家人,特别是爱人张红梅博士生活中无微不至的照顾和支持,使译者得以腾出时间完成这段漫长而愉悦的翻译研究之旅。

二〇二二年十月

图书在版编目(CIP)数据

货币国定论/(德)格奥尔格·弗里德里希·克纳普著;李黎力译.—北京:商务印书馆,2023
（现代货币理论译丛）
ISBN 978 - 7 - 100 - 22009 - 5

Ⅰ.①货… Ⅱ.①格…②李… Ⅲ.①货币理论 Ⅳ.①F820

中国国家版本馆 CIP 数据核字(2023)第 031754 号

权利保留，侵权必究。

现代货币理论译丛（韦森 主编）
货币国定论
［德］格奥尔格·弗里德里希·克纳普 著　李黎力 译

商 务 印 书 馆 出 版
（北京王府井大街36号 邮政编码100710）
商 务 印 书 馆 发 行
山东临沂新华印刷物流集团有限责任公司印刷
ISBN 978 - 7 - 100 - 22009 - 5

2023年5月第1版　　开本640×960　1/16
2023年5月第1次印刷　印张15.25
定价：78.00元